Für diejenigen,
die in den letzten beiden Jahren gestorben sind
und mir viel bedeuten

Murkelchen

Lisa & Heini

Lore

Haschi

Über die Autorin:

Beatrice von Singen, 1974 als Tochter eines Mathematik- und Physiklehrer-Ehepaares geboren, gewann bereits im Alter von 16 Jahren den bundesweiten Jugendpressepreis „Prisma 90". Nach ihrem Fachhochschulstudium zur Diplom-Finanzwirtin (Schwerpunkt Steuerrecht) absolvierte sie ein Studium der Kulturwissenschaften und ästhetischen Praxis an der Universität Hildesheim mit den Fächern Musik, Literatur, Theater, Psychologie und Kulturpolitik. Seit ihrem Abschluss zur Diplom-Kulturwissenschaftlerin ist sie sowohl im Finanzbereich als auch freiberuflich künstlerisch tätig. Sie lebt mit ihrem Lebenspartner im Weserbergland.

Beatrice von Singen

Warum die Deutschen so wenige

KINDER KRIEGEN

Eine tiefsinnige Betrachtung

Bibliografische Information der Deutschen Nationalbibliothek
Die Deutsche Nationalbibliothek verzeichnet diese Publikation in der Deutschen Nationalbibliografie; detaillierte bibliografische Daten sind im Internet unter http://dnb.d-nb.de abrufbar.

Herstellung und Verlag:
Books on Demand GmbH, Norderstedt

ISBN 978-3-8370-2392-3

Inhalt

Vorwort

„Kinder kriegen die Leute sowieso." So sagte es Konrad Adenauer im Jahr 1957 bei der Einführung der bruttolohnbezogenen Rentenversicherung, welche die Kinderlosigkeit finanziell prämiert. Er hätte es besser wissen müssen, wenn er nur zwanzig Jahre in die Geschichte zurück geblickt hätte. Die Geburtenrate hängt – wenn die Babys nicht vom Storch gebracht werden - ganz entscheidend von staatlichen Rahmenbedingungen ab. Kinder können ein Zeichen der Liebe sein, aber auch ein Instrument der Unterdrückung der Frauen oder ein Mittel zur machtvollen Eroberung neuer Länder. Aber ursprünglich gesehen *sind* Kinder einfach. Es hat sie immer gegeben, weil sich schlicht und einfach die menschliche Art ohne Kinder und die Aufzucht derselben nicht erhalten hätte. Dass Kinder auf die Welt kommen, ist also eine Selbstverständlichkeit. Jedenfalls solange und soweit sich ihre Erzeuger – hauptsächlich die potentiellen Mütter – keine großen Gedanken darüber machen oder ihnen die Entscheidungsgewalt durch staatliche Regeln - Gesetze oder ungeschriebene gesellschaftliche Normen - genommen wird. Heute, im Jahr 2008, leben wir in Deutschland glücklicherweise in einem Staat, der Meinungsfreiheit, freie Entfaltung der Persönlichkeit und Gleichberechtigung von Frauen und Männern grundgesetzlich festschreibt und darüber hinaus sogar die Würde des Menschen als unveränderliches höchstes Gut garantiert. „Würde des Menschen" ist hier wohl nicht als „(äuszere) ehre, ruhm, ruf, ansehen"[1] anzusehen sondern eher „persönlich bezogen als jenes sein und jener habitus geistig und sittlich autonomer wesen, in denen sich ihr innerer wert ebenso kundtut wie ihr anrecht

---

[1] Deutsches Wörterbuch der Brüder Grimm zum Begriff „Würde" (Abschnitt A 2)

auf selbstachtung und auf achtung seitens der umwelt."[2] Es wird in diesem Buch zu untersuchen sein, ob in Deutschland wirklich ein würdevoller Umgang mit Eltern, insbesondere Müttern, und Kindern im Sinne von „Achtung seitens der Umwelt" praktiziert wird.

Dieses Buch soll Augen öffnen. Es fragt nach der Herkunft von geschriebenen und ungeschriebenen Normen und verneint ganz klar die Aussage: „Weil die Dinge schon seit Jahrtausenden so sind, werden sie wohl sinnvoll sein und sollten daher nicht ernsthaft hinterfragt werden." Sehr viele Dinge müssen dringend hinterfragt werden! Denn werden sie nicht geändert, geht Jahrtausende altes Unrecht ungestoppt weiter. Denn auch, wenn es vielen Menschen heute gar nicht auffällt, weil sie sich so daran gewöhnt haben: Unsere Gesellschaft ist voll von uralten Normen, die Menschen – insbesondere Frauen – unterdrücken und die freie Entfaltung ihrer Persönlichkeit behindern. Die aktuelle Diskussion über die niedrige Geburtenrate in Deutschland wird zum Beispiel meist aus der männlichen Perspektive heraus geführt, obwohl die Menschen, denen die Biologie in den ersten Monaten und die gesellschaftlichen Normen in den folgenden Jahren die hauptsächliche Arbeit mit dem Nachwuchs zuschreibt, Frauen sind. Deshalb sollte die dominierende Perspektive bei der Betrachtung dieses Themas die weibliche sein.

Jeder Mensch, der in Deutschland lebt, ist daran interessiert, dass es menschlichen Nachwuchs gibt. Nicht allein wegen unseres Rentensystems und der Ökonomie, sondern auch, weil eine vergreisende Gesellschaft nicht mehr lebendig und fröhlich wirkt. Wenn der Nachwuchs seltener wird, kann

---

[2] ebd. Abschnitt D 1a (zum Gebrauch des Begriffes „Würde" seit der Aufklärung)

man entweder den Druck auf die Erzeugerinnen erhöhen, oder, wenn das nicht mehr klappt, nur noch eines tun: ihnen zuhören.

Ich möchte mit diesem Buch viele Aspekte des „Kinder kriegens" beleuchten. Dabei geht es mir um den ganzen Menschen mit seinen Gefühlen, seinem Körper und seinem Verstand. Wie ich im Laufe dieses Buches ausführen werde, spielt sich die Entscheidung, ob ein Kind gezeugt und geboren wird, nahezu ausschließlich im Gefühl und im Körper ab. Der Verstand kann jeweils nur re-agieren und aus seinem reichhaltigen Argumentations-Schatz die „aus dem Bauch heraus" getroffene Entscheidung nachträglich rechtfertigen. Rationale Argumente allein können daher einer Auseinandersetzung mit dem Thema „Kinder kriegen" nicht gerecht werden. Deshalb beschäftigt sich dieses Buch nicht nur mit Sachlichem, sondern zudem viel mit Emotionalem, was zuweilen auch einen emotionalen Schreibstil erfordert. Emotionen sind niemals sachlich und tragen gerade deshalb eher dazu bei, dem Thema „Kinder kriegen" in seinem ganzen Ausmaß gerecht zu werden, als dies ein rein „sachliches" Buch, was immer das sein mag, zu leisten vermag.

Im September 2008

Beatrice von Singen

1. Einleitung

Fangen wir also an, das Thema „Kinder kriegen" aus der weiblichen Perspektive zu betrachten: Als in Deutschland lebende Frau ist mir bewusst, dass ich, wenn ich ein Kind auf die Welt bringe (weil ich mich entweder *dafür* entschieden habe oder eine Entscheidung *dagegen* nicht verantworten möchte), von der Gesellschaft die Aufgabe zugeschrieben bekomme, mich um dieses Kind kümmern zu müssen. Kümmern heißt hier, Zeit mit meinem Kind zu verbringen, und zwar in den ersten Jahren möglichst meine gesamte Zeit, das heißt 24 Stunden am Tag. Wenn ich als Mann in Deutschland Nachwuchs bekomme, wird mir von der Gesellschaft die Rolle zugeschrieben, möglichst viel Geld verdienen zu müssen, um das Kind finanziell zu versorgen; Zeit mit meinem Kind verbringen muss ich nach Ansicht der Öffentlichkeit nur, soweit es meinen Vollzeit-Beruf nicht beeinträchtigt. Frauen und Männer, die sich an diese Regeln halten, haben keine gesellschaftlichen Ressentiments zu erwarten. Der Mann erfährt Anerkennung aufgrund seiner beruflichen Karriere, und über die Frau sagt man verständnisvoll: „Finde ich gut, dass sie ihrem Mann den Rücken frei hält. Ist auch besser so - für die Kinder." Es werden zwar glücklicherweise schon viele Lebensmodelle mit einer gerechteren Aufgaben-Verteilung praktiziert, aber wer die klassische Rollenverteilung der 1950er-Jahre wählt, wird nicht schief angesehen. Man hat sich so sehr daran gewöhnt, dass Mütter finanziell abhängig gemacht werden, während Väter finanziell unabhängig bleiben, dass man es gar nicht als Unrecht ansieht. Ja, einige Männer behaupten sogar, es sei natürlich und biologisch festgelegt, dass Mütter in der unbezahlten Arbeit der Kinderbetreuung, dem Kochen, Putzen und Bügeln besser seien als Männer, in der bezahlten geistigen oder handwerklichen Arbeit jedoch schlechter. Ein hartnäckiger und fatal folgenschwerer Irrtum, der Frauen bis heute einschüchtert und sie dazu ermuntert, wenig aus ihren geistigen oder handwerklichen Fähigkeiten zu machen. Jede Frau wird heutzutage immer noch mit kleineren oder größeren, zum Teil versteckten und kaum erkenn- aber doch spürbaren Diskriminierungen konfrontiert, und es erfordert eine große emotionale Stärke und Zähigkeit, sich immer wieder dagegen zur Wehr zu setzen. Kein Wunder, dass viele Frauen aufgeben. Das Erbe der letzten 10.000 Jahre ist zu schwer, um einfach weggeweht zu werden.

Kein Mensch weiß, ob es tatsächlich einmal ein Matriarchat – eine Herrschaft der Mütter – gegeben hat. Es gibt darüber wilde und schmeichelhafte Theorien, die schon allein darin ihren Wert haben, dass sie die Phantasie der Menschen anregen, sich selbst Visionen von einer anderen Gesellschaftsordnung auszumalen. Fest steht, dass seit vielen tausend Jahren in nahezu allen Kulturen der Erde eine patriarchale Gesellschaftsordnung herrscht, über deren Beginn man nur spekulieren kann, da es keine Überlieferungen gibt: Aus Höhlenmalerei lässt sich keine Gesellschaftsordnung ableiten, und die Schrift wurde erst später erfunden. Über die frühen Urmenschen lässt sich am Besten etwas erfahren, indem man Affenhorden (z.B. Schimpansen) beobachtet. Der entscheidende Schritt zur Ausbildung der Menschheits-Kultur wurde vor ca. 10.000 Jahren gegangen, als im Rahmen der Sesshaft-Werdung das Privateigentum entstand. Eigentum ist bis heute eine merkwürdige Sache, die es Menschen ermöglicht, Macht über andere Menschen auszuüben: Wenn einige Menschen mehr und andere Menschen weniger besitzen, als sie benötigen, haben die Mehr-Besitzer ein Machtmittel gegenüber den Weniger-Besitzern in der Hand, können sie für sich arbeiten lassen und nach Lust und Laune gut oder schlecht behandeln. Eigentum bildet die

Grundlage für unseren heutigen Kapitalismus. Es entstand, als man erstmals feste Siedlungen baute und sich mit dem Ackerbau die Möglichkeit der Vorratshaltung erschuf. Zu dieser Zeit vergrößerten sich auch die Sozialverbände, in denen gelebt wurde.[3] Es ist nicht erforschbar, auf welche Weise und mit welchen Mitteln die Männer die ausschließliche Macht über das Eigentum an sich rissen. Möglicherweise gab es in der Anfangszeit auch Kulturen, in denen die Frauen die ausschließlichen Eigentumsrechte hatten. Fest steht: Die Männer haben sich schließlich - wahrscheinlich aufgrund ihrer etwas größeren Körperkraft - durchgesetzt, sodass sich auch das Erbrecht patrilinear bildete, das heißt, das Eigentum wurde vom Vater auf den Sohn vererbt, Frauen waren praktisch eigentumslos. Dies war der Beginn der legitimen und flächendeckenden Unterdrückung der Frauen. Sollten nun beispielsweise Vieh-Herden vererbt werden, hatte der Vater ein Interesse daran zu wissen, welches seine leiblichen Kinder waren, und musste dafür sorgen, der einzige Sexualpartner der Mutter seiner Kinder zu sein. Zeitgleich mit dem Bewusstsein für Eigentum entwickelte sich wahrscheinlich auch die Sklaverei: Es gab nun *eigene* Arbeiter, *eigene* Kinder und *eigene* Frauen. Sobald die Frauen (zu) einem bestimmten Mann gehörten, gab es eine vertragsähnliche Beziehung zwischen ihnen, eine Art Ehe, die zumindest für die Frauen auch mit einer Reglementierung ihrer sexuellen Aktivitäten verbunden war. Die Entstehung der Institution Ehe wird in Kapitel 5 noch näher untersucht. Als relativ gesichert gilt, dass die Menschen zu dieser Zeit schon herausgefunden hatten, dass es für die Erzeugung gesunden Nachwuchses von Vorteil war, die Gene zu mischen, sprich: die eigenen jungen Frauen gegen junge Frauen aus einem anderen Stamm einzutauschen. Es ist schwer vorstellbar,

---

[3] vgl. DIE ZEIT: Welt und Kulturgeschichte, Hamburg 2006, Band 1, S. 120 ff (zur Jungsteinzeit)

dass die Frauen dabei ein Mitspracherecht gehabt haben. Während die *eigenen* Söhne Erben wurden, wurden die *eigenen* Töchter zu Tauschobjekten, die auch nützlich dazu waren, Allianzen mit anderen Stämmen zu bilden. Die Töchter wurden also von der Abhängigkeit vom Vater direkt in die Abhängigkeit von einem (Ehe-) Mann übergeben. Für weibliche Selbstbestimmung, gar sexueller Art, war da kein Platz.

Die ältesten überlieferten Schriften stammen aus dem archaischen Mesopotamien (Babylonien) von ca. 3.100 v. Chr. Übrigens ist ein Teil dieses kulturellen Erbes der alten Schriften im Rahmen des laufenden Irak-Krieges unwiderbringlich verloren gegangen, bevor es erforscht werden konnte. Der damalige Staat war hoch entwickelt mit sozialen Schichtungen und Gesetzen, beispielsweise mit Eherecht und Regelungen zum Kopftuch-Tragen der Frauen (verheiratete Frauen mussten ein Kopftuch tragen, Prostituierte durften es nicht). In einem Großteil der heutigen Welt ist das *Prinzip* des damaligen Rechtsstaates, das sich im Laufe der Jahrtausende über Athen und Rom in der ganzen Welt ausgebreitet hat, nach wie vor am Werk: Die Männer machen die Gesetze, die sich auch auf die Frauen erstrecken. Frauen müssen sich an Gesetze halten, können aber keine eigenen Gesetze verabschieden (selbst wenn sie vielerorts ein politisches Wahlrecht haben: Die Mehrheit in einem Parlament haben sie nirgendwo). Im Kern ist unsere Gesellschaft – und zwar die der ganzen globalisierten Welt, trotz vieler Fortschritte durch die Schübe der Frauenbewegung – nach wie vor patriarchalisch organisiert. Das äußert sich auf allen Ebenen des gesellschaftlichen Lebens, und oft so subtil, dass es kaum merkbar ist.

Nun ein großer Sprung zu einem Beispiel aus jüngster Zeit, wie in Deutschland von renommierten Persönlichkeiten ein

Bild der Frau aufgebaut wird, das ausschließlich aus dem Blickwinkel der Männer gesehen wird:

„Eine der kompliziertesten, undeutbarsten, aber zweifellos auch reizvollsten Erscheinungen auf dieser Welt ist die Frau."[4]

Auf den ersten Blick meint man: Das ist doch nett! Ja, schmeichelhaft. Und der Schreiber hat es auch auf jeden Fall gut gemeint. Jedoch war er nicht sorgsam genug bei der Auswahl des benutzten Vokabulars. Als Philologe (philo = Freund, logos = Wort, philologe = Freund des Wortes), der Großartiges auf dem Gebiet der Forschung über die Märchen der Brüder Grimm geleistet hat, muss es sich Prof. Rölleke gefallen lassen, dass seine selbst gewählten Worte näher betrachtet werden. Und welcher Einstieg bietet sich besser an, als die Begriffsdefinitionen aus dem Deutschen Wörterbuch der Brüder Grimm? Dieses Wörterbuch ist, wie Sie vielleicht wissen, von Jacob und Wilhelm Grimm, die als Begründer der Germanistik gelten, initiiert worden und war beim Buchstaben F angelangt, als der letzte der beiden Brüder im Jahr 1863 starb. Danach arbeiteten noch ca. hundert Philologen ca. hundert Jahre an dem Werk, das erst 1960 fertig gestellt wurde. Ein unverzichtbares Mammutwerk für alle, die sich näher mit der deutsche Sprache beschäftigen möchten.[5]

Unter dem Stichwort „Erscheinung" findet man dort zu Beginn eines langen Artikels die folgende Definition:

---

[4] aus: Heinz Rölleke: „Die Frau in den Märchen der Brüder Grimm", in: Die Frau im Märchen. Herausgegeben von der Europäischen Märchengesellschaft, 1985
[5] In Buchform umfasst das Werk 16 Bände mit 67.744 Spalten, neuerdings ist es auch auf CD-ROM erhältlich. Eigentlich unvorstellbar, wie so viel Wissen auf zwei kleine Metallscheiben passt.

„sichtbarwerdung, mit der idee des lichtes, glanzes im hintergrund, göttliche, geisterhafte." Wird nun eine Frau als Erscheinung bezeichnet, erinnert das stark an das Bild der Jungfrau Maria, das besonders in der katholischen Kirche angebetet wird. (Nebenbei bemerkt halte ich es auch für besser, eine junge Frau von blühender Schönheit anzubeten als einen toten und blutenden fast nackten jungen Mann, weshalb ich manche katholische Kirche optisch ansprechender finde als jede evangelische. Doch das nur am Rande.) In dem Artikel des Wörterbuches werden noch folgende Beispiele aufgezählt, wie das Wort benutzt wird: „die erscheinung unseres heilandes", „die erscheinung des engels, geistes, des gespenstes, teufels. er hat erscheinungen, glaubt an erscheinungen, nächtliche erscheinungen", bis die Brüder Grimm anmerken: „leicht wendet sich diese dargebung des höheren auf das schöne, liebliche, anmutige menschlicher natur, eine liebliche erscheinung, die gestalt [...] sie war eine vorübergehende erscheinung, gleich dem gestirn, das wieder verschwindet."

Was bedeutet es nun, wenn die Frau an sich, also jede einzelne Frau auf der Welt, als „Erscheinung" tituliert wird? Einerseits ist es eine Aufwertung, denn *jede* Frau wird dadurch quasi in den Engelsstand erhoben, jedoch ist dies andererseits gleichzeitig eine Abwertung, da die Frau damit niemals vollständig anerkannter Bestandteil der Gesellschaft sein kann, weil ihr die Bodenständigkeit fehlt, das Handfeste, ja, sogar ein bisschen das Menschliche. Auf den Punkt gebracht: Ein Engel kann nicht mit am Lagerfeuer sitzen, trinken und Lieder singen. Eine Lichtgestalt bekommt man niemals zu fassen... Und diese Erscheinung Frau bekommt in dem Zitat nun noch drei Adjektive zugeschrieben: Sie ist erstens kompliziert, zweitens undeutbar und drittens reizvoll. Sie ahnen aufgrund meiner Einleitung schon, worauf ich hinaus möchte: „kompliziert“ und „reizvoll“ sind Adjektive, die niemals im objektiven Sinne gebraucht werden können. Ein Musikstück ist nur kompliziert, wenn man es nicht spielen kann und ein Motor nur kompliziert, wenn man seine Funktionsweise nicht kenne. Eine Frau wird nur dann als kompliziert angesehen, wenn man sie nicht versteht. Frauen untereinander bezeichnen sich aber nur in den seltensten Fällen als kompliziert, eben weil sie sich meistens sehr gut verstehen. Zudem ist das Wort „kompliziert“ in Bezug auf Menschen negativ besetzt: Was für ein Vorurteil – verbunden mit einer besonderen Behandlung – würde es beispielsweise hervorrufen, wenn eine Mutter ihren Sohn am ersten Tag im Kindergarten mit den Worten vorstellen würde: „Das ist Stefan. Er ist sehr kompliziert“? - „Reizvoll“ ist ein reizvolles Wort für den, der es gebraucht. Auf die meisten Männer wirken viele Frauen ohne Frage reizvoll, aber das heißt nicht, dass sie es generell *sind*, denn auf andere Frauen, auf Kinder oder homosexuelle Männer wirken sie weniger bis gar nicht reizvoll. Im dritten Wort „undeutbar“ tritt nun noch klarer der nicht legitime Objektivitäts-Anspruch des subjektiven männlichen Schreibers hervor. Ich – die Autorin dieses Buches - kann Frauen wunderbar deuten, also sind sie nicht undeut*bar*. Nur, weil Männer wohl offenbar nicht in der Lage sind, Frauen zu durchschauen, werden die Frauen mystifiziert, anstatt dass die Männer an ihren empathischen Fähigkeiten (den Fähigkeiten des Einfühlens) arbeiten. Und das führt – bis heute – dazu, dass Frauen meinen, sich erst richtig kennen zu dürfen, wenn sie gelesen haben, was die renommierten Männer über sie schreiben: Sie gehen den Umweg, von außen erfahren zu wollen, wer sie sind, anstatt in sich selbst danach zu suchen. Aber wie sollen die Frauen auch ein Selbstwertgefühl aufbauen, wenn ihnen ständig solche Dinge eingeredet werden wie, sie seien kompliziert und undeutbar?

Wie wir gesehen haben, bestimmen Männer seit vielen tausend Jahren, was gesellschaftliche Normen sind. Dabei ist folgendes zu beachten: Nicht alle Männer bestimmen die Normen, aber alle, die Normen bestimmen, sind Männer. Ebenso gilt auch: Nicht alle Unterdrückten sind Frauen, aber nahezu alle, die unterdrücken, sind keine Frauen. Fest steht: Männer bestimmen gern und unterdrücken gern, kurzum: sie üben gern Macht über andere aus, seien diese anderen nun Frauen oder Männer. (Die wenigen Frauen in der Geschichte, die große Macht hatten bzw. haben, lasse ich hier außen vor, da sie bisher nur einen verschwindend kleinen Prozentsatz ausmachen.) Dabei bestimmen die Herrschenden auch, was als Wahrheit gilt. Wenn sich beispielsweise im Mittelalter jemand weigerte, sich einem konstruierten Gott und seinen „Stellvertretern auf Erden" gegenüber klein zu machen, dann wurde dessen Zurechnungsfähigkeit in Frage gestellt, jedoch keinesfalls das Kirchsystem. Kopernikus musste sein Weltbild verleugnen, weil es nicht in die Sicht der Kirchenväter passte. Und wenn weise Frauen in der frühen Neuzeit (schwerpunktmäßig im 16. und 17. Jahrhundert) mit Hilfe von Kräutern Krankheiten heilten, Frauen die Geburten erleichterten und Mittel für, aber auch gegen Fruchtbarkeit verabreichten, dann wurden diese Frauen als Gefahr für jene Staaten angesehen, die nach den Pest-Epidemien dringend wieder einen Bevölkerungszuwachs brauchten[6], aber auch als Gefahr für die Macht der Kirche und der Männer generell. Die Rechnung ist aufgegangen: Das Heilwissen der Frauen war im Jahr 1800 weitestgehend verschwunden (1775 wurde die letzte Hinrichtung einer so genannten Hexe in Deutschland vollzogen). Während es im Mittelalter noch verbreitet Empfängnisverhütung, Abtreibungen und auch Kindstötungen gab, verdoppelte sich die Zahl der lebenden

---

[6] Laut einer sehr plausiblen Erklärungstheorie von Gunnar Heinsohn in: Söhne und Weltmacht, Zürich, 8. Auflage 2006

Kinder pro Familie nach der „Ausrottung" des Hebammen-Wissens von ca. 3 auf ca. 6, gleichzeitig sank die Frauenheilkunde und Säuglingspflege auf ein primitives Niveau ab. Wir haben es einer einzigen Frau des Mittelalters zu verdanken, dass das damalige Heilwissen heute nicht ganz vergessen ist: Wäre Hildegard von Bingen (1098 bis 1179) nicht ihrer Vision, ihrem „Auftrag von Gott" nachgegangen, ihr Wissen niederzuschreiben, wären die Erfahrungen mit Kräuterheilkunde ganz verloren gegangen. Aber welch ein Unterschied wäre es, wenn in den letzten 1000 Jahren weitergeforscht worden wäre an der sanften Kräuter-Medizin? Dann würden wir heute möglicherweise ein Krebs-Geschwür nicht brutal wegschneiden, wie es die von Männern entwickelte Medizin seit eh und je praktiziert, sondern hätten Mittel und Wege gefunden, die Selbstheiligungskräfte des Patienten frühzeitig so wirksam zu aktivieren, dass sich die Krebszellen nicht weiter vermehren. Heute gibt es viele Methoden der so genannten „sanften Medizin", die als gefährlich, nicht heilend und als Geldmacherei eingestuft werden, obwohl sie besonders bei Frauen sehr beliebt sind. Skepsis und Vorsicht sollte man selbstverständlich – wie bei allen Themen des Lebens – auch hier walten lassen, sich die Therapeutin gut auswählen und die Kosten gegen den möglichen Nutzen und die Risiken gut abwägen. Das gilt aber für die Medizin, die von der Krankenkasse bezahlt wird, genauso: Hier gibt es zum Teil gravierende Nebenwirkungen von Medikamenten, die zu Folgeerkrankungen führen können, und es wird teilweise nur deshalb operiert, weil es dem Chirurgen Geld bringt oder dem Assistenzarzt die notwendige chirurgische Berufspraxis. Es ist immer gefährlich, einem Menschen zu vertrauen, den man nicht kennt, egal ob er ein Heilpraktiker oder ein Mediziner mit Doktortitel ist. Und in der frühen Neuzeit hätte ich mir meine Kräuterhexe auch gut ausgesucht ☺.

Da wir also in einer Welt leben, die von der männlichen Sicht der Dinge geprägt ist, und in der weibliche Weisheit vor wenigen hundert Jahren weitestgehend ausgerottet worden ist, muss man sehr behutsam vorgehen, wenn man sich die Aufgabe gestellt hat, sich dem komplexen Thema „Kinder kriegen" zu nähern. Es gilt, ständig auf der Hut zu sein vor eigenen überkommenen Vorstellungen. Und insbesondere ist es nicht möglich, eine logisch stringente eindimensionale Argumentation aufzubauen, denn das Thema beinhaltet das Leben in seiner komplexen Gesamtheit: Wie in einer großen dreidimensionalen Matrix weist es schier unzählige Verknüpfungen in unterschiedlichen Intensitäten auf. Warum sollte das Leben als Ganzes auch einfacher aufgebaut sein als das menschliche Gehirn mit seinen ca. 100 Milliarden Nervenzellen und ca. 100 Billionen Synapsen?[7] Nur weil die Menschen es (noch) nicht gelernt haben, das ungeheuere Potential ihres Gehirns auszunutzen, heißt das ja nicht, dass das bis in alle Ewigkeit so bleiben muss. Und nur weil die Wechselwirkung zwischen Gefühl und Verstand bei den meisten Menschen nicht so gut ausgebildet ist, heißt das auch nicht, dass bis in alle Ewigkeit eben diese Verknüpfung als unnötig oder sogar hinderlich dafür gelten muss, im Leben gut zurecht zu kommen, oder ein Thema umfassend zu bearbeiten. Denn gerade wenn es ums Kinder kriegen geht – um die Frage des Lebens als solches – darf das Gefühl auf keinen Fall übergangen werden. Gefühle sind nicht sachlich, aber sehr seriös, sie sollten dringend ernst genommen werden. Seit dem Bestseller „Emotionale Intelligenz" von Daniel Goleman hat es sich sogar schon im Studium der Betriebswirtschaft und in den Manager-Etagen herumgesprochen, dass es hilfreich ist, auf seinen „Bauch" zu hören. Auch wenn es noch nicht im Bewusstsein aller

---

[7] Zahlen aus: Wikipedia, Stichwort „Gehirn", Abfrage vom 10.9.08

Menschen angekommen ist: Entscheidungen werden letztendlich *stets* „aus dem Bauch heraus", mit dem Gefühl oder der Intuition getroffen (Suchen Sie sich aus diesen drei Begriffen bitte den aus, der Ihnen am besten gefällt. Da die menschliche Sprache zu unvollkommen ist, zu uneinheitlich benutzt wird, und einige Begriffe bei manchen Menschen mit starken negativen Gefühlen verknüpft sind, möchte ich mich an dieser Stelle nicht auf einen einzigen Begriff festlegen). Wie gehen Sie zum Beispiel vor, wenn Sie eine Wohnung mieten möchten und mehrere zur Auswahl haben? 1. Sie listen – gedanklich oder schriftlich - Aspekte auf, die Ihnen wichtig sind, 2. Sie betreten das Objekt und fühlen sich darin wohl oder unwohl. Ganz egal, ob es Ihnen bewusst ist oder nicht, ob Sie es glauben möchten oder nicht: Im Endeffekt entscheidet Ihr Gefühl. Denn Sie wissen - wie alle Menschen - sehr genau, dass es im Leben im Grunde genommen darum geht, sich wohl zu fühlen. Und man fühlt – so banal das klingt – nicht rational. Wenn beim Betreten einer Wohnung Ihr Herz vor Freude anfängt zu hüpfen, dann sind die Argumente, die gegen diese Wohnung sprechen, plötzlich nicht mehr so gewichtig. Dann sehen Sie diese „kleinen Schönheitsfehler" plötzlich als Herausforderungen an, die veränderbar oder hinnehmbar sind. Überkommt Sie hingegen beim Betreten der Wohnung ein akutes Gefühl der Beklemmung, dann nützen die besten Pro-Argumente nichts: Sie werden nicht einziehen, oder, falls doch, dort nicht glücklich werden. Glück ist ein Gefühl, das nicht Schwerpunkt dieses Buches sein soll. Da sich aber jeder etwas darunter vorstellen kann, belasse ich es bei dieser Erwähnung des Begriffes, wohl wissend, welch großartige Abhandlungen man darüber schreiben kann. Wichtig ist mir an dieser Stelle, zu betonen, dass in allen Bereichen und auf allen Ebenen letztendlich nach dem „Bauch-Gefühl" entschieden wird. Die Richter beim Bundesverfassungsgericht tun es, die Kindergartenkinder, die Staatenvertreter auf dem G8-Gipfel, die Mutter und der Vater untereinander sowie in Bezug auf ihre Kinder. Zum Beispiel Gerichts-Entscheidungen: Wenn ein Urteil zwangsläufig logisch aus den Gesetzen hervorgehen würde, dann bräuchte man das Gericht nicht. Das Gericht sammelt alle Argumente aus der Rechtsgeschichte, aus anderen Urteilen, Kommentaren von Juristen u.s.w. und hat die Aufgabe, gewichtend abzuwägen. Wenn es, wie bei vielen Gerichtsentscheidungen, nur zwei mögliche Lösungen gibt, liegen diese *so* dicht beieinander, dass beide Urteile gut detailliert und fundiert zu begründen wären. Die Ausformulierung des Urteils ist übrigens eine Aufgabe der Gerichtsbeamten: Die Richter treffen die Entscheidung, die scheinbar logische und rationale Begründung liefern die etwas niedriger Gestellten nach. Es kann schon vom Prinzip her keine zwingende Logik in juristischen Dingen geben, da die Sprache nur ein Abbild unserer Lebenswirklichkeit ist, und die gesamte Juristerei ein riesiges Gedankenkonstrukt, das in seiner Komplexität kurioserweise dem menschlichen Gehirn sehr ähnlich ist.

Wie trifft eine Frau die Entscheidung, ob Sie einem Kind die Chance geben will, in ihr zum Leben zu erwachen und sich bis zur eigenständigen Lebensfähigkeit zu entwickeln oder nicht? Die Auflistung sowohl aller Argumente, die in diesem Buch behandelt werden als auch aller sonstigen möglichen Argumente wird sie im Endeffekt nicht in die Lage versetzen, eine „vernünftige" Entscheidung zu treffen. Es gibt zu viele Aspekte, die sich zudem noch gegenseitig widersprechen. Sie kennen das: Wenn Sie an einem Luxus-Buffet vor hunderten dekorativ angerichteten Köstlichkeiten stehen, kann es passieren, dass Sie allein von dem Anblick so erschlagen sind, dass Sie gar keinen Appetit mehr haben und sich nur ein Stück Obst nehmen. Möglicherweise packt Sie auch der Heißhunger, Sie essen alles durcheinander, und hinterher ist Ihnen schlecht. Meistens jedoch lassen Sie den Blick schweifen, und füllen sich das auf Ihren Teller, was Ihnen spontan am Leckersten aussieht. Behaupten Sie jetzt nicht, Sie tun das mit dem Verstand ☺! Hier wählen Sie nur dann mit dem Verstand aus, wenn ein strenger Diätplan – zum Beispiel aufgrund einer Allergie - Sie dazu zwingt! Wenn einer Frau wegen einer körperlichen Erkrankung von ärztlicher Seite dringend davon abgeraten wird, schwanger zu werden, um sich selbst zu schützen, wird sie auch rational entscheiden. Dieser Fall ist jedoch die große Ausnahme. Die große Mehrzahl der Frauen entscheidet aus dem Bauch heraus (hier sogar im doppelten Wortsinne), indem Sie in sich hinein fühlt bei den Gedanken an die folgenden zwei Zukunftsbilder:

Erstens: Wie werde ich mich fühlen, wenn ich kein Kind bekomme? Werde ich voraussichtlich ein ausgefülltes und glückliches Leben haben? Werde ich stets genügend sinnvolle Tätigkeiten für mich finden, die mir auch soziale Anerkennung bringen?

Zweitens: Wie gefühlt ausgefüllt und sinnvoll wird mein Leben mit einem Kind (oder mehreren) sein? Möchte ich dafür die nicht vorhersehbaren Veränderungen und Risiken der Schwangerschaft auf mich nehmen? Werde ich mit einem Kind genügend soziale Anerkennung finden und weiterhin auch anderen Tätigkeiten nachgehen können, die mir wichtig sind?

Dieses Abwägen kann unbewusst in Sekundenschnelle spontan passieren, oder in jahrelangem Mit-sich-Hadern in Verbindung mit dem Schreiben wissenschaftlicher Abhandlungen zu diesem Thema. Aber auch die unbewusste spontane Entscheidung – das möchte ich an dieser Stelle vor allem den Politikern mit auf ihren Weg geben – beinhaltet *alle* Aspekte, die in ihrem gesamten bisherigen Leben auf die Frau eingewirkt haben. Diese Entscheidung wird *niemals* ausgelöst durch das Betrachten eines netten Plakats, auf der eine „Familie Deutschland" abgebildet ist. Die Entscheidung zum Kauf eines DVD-Players kann möglicherweise durch die Ansicht eines Plakates beeinflusst werden. Aber ich bitte Sie: Keine Frau ist so dumm, für wie dumm verkauft sie sich beim Anblick eines Familien-Werbeplakates vorkommen kann. Genauso für dumm verkauft fühlt sich eine Frau übrigens, wenn eine Politikerin in Berlin zum Thema Kinder kriegen sagt: „Wir müssen weg von der ‚Erstmal-Mentalität'" und die ganze übrige Gesellschaft schreit: Mach erstmal eine Ausbildung, beende erstmal dein Studium, sammele erstmal Berufserfahrung, sonst bekommst du nie wieder einen Anschluss ans Berufsleben, und denke erstmal daran, etwas für deine Rente zu tun…

2. Warum eigentlich Kinder kriegen?

Ich als deutsche Frau soll Kinder kriegen? Warum überhaupt? Was habe ich davon? Und warum sollte ich als Mann Vater werden? Um diese Fragen zu beantworten, müssen wir uns zunächst die Frage stellen, ob es eigentlich legitim ist, bei diesem Thema Fragen über das Warum und den Eigennutz zu stellen. Man könnte auch auf dem Standpunkt stehen, es sei unsere natürliche oder gottgegebene Pflicht, die niemand hinterfragen darf. Es wäre praktisch eine Schuldigkeit an die nächste Generation, die wir mit in die Wiege gelegt bekommen haben, als wir selbst das „Lebensrecht" erworben haben. Das Leben sei nur geborgt und deshalb zu gegebener Zeit weiterzugeben. Es liegt ein gewisser Reiz in der Bequemlichkeit, an Dogmen zu glauben und nach ihnen zu handeln, ohne sie zu hinterfragen, sei es mit dem Verstand oder mit dem Gefühl. Jedoch ist das Leben ein ständiger Veränderungsprozess, der aus Denken, Fühlen und Handeln besteht. Und wenn es eine höhere Macht gäbe, die dies verböte, dann wäre sie lebensfeindlich, und dann wäre es legitim, sie zu bekämpfen. Da aber niemand genau weiß oder beweisen kann, dass es eine solche höhere Macht gibt, ist es auch legitim, die Ansichten der Menschen zu bekämpfen, die dies behaupten. Die einzige Instanz, die uns in Deutschland ein freies Nachdenken über das Thema Kinder Kriegen zu verbieten versucht, ist die „heilige" katholische Kirche. Heilig steht hier für die Unantastbarkeit und Unverrückbarkeit von Altem, Uraltem zum Zwecke der Machterhaltung. Dazu eine kleine Anekdote: Neulich kam ich durch Zufall mit einem Religionslehrer ins Gespräch und nutzte die Chance, ihn folgendes zu fragen: „Weshalb soll ich überhaupt einen Satz von Paulus ernst nehmen, der so einen Mist über Frauen geschrieben hat?" Das müsse man aus der Zeit heraus verstehen und die frauenfeindlichen Äußerungen gedanklich aussortieren, antwortete er. Und woher ich denn wüsste, dass ich nicht alles andere in seinen Schriften auch aus der Zeit heraus verstehen und aussortieren müsse, wollte ich nun wissen. Die Antwort war ein leicht mitleidvolles Lächeln und der Tipp, ich solle doch die Schriften noch einmal genau lesen, dann würde ich ihren Wahrheitsgehalt schon erkennen. Ah ja. Guter Tipp. Es gibt genügend andere Bücher, die ich um einiges lieber lese, weil mir nicht bei einigen Passagen die Galle hochkommt. Warum sollte ich freiwillig etwas lesen, das mich verletzt? Das ist sehr lebensfeindlich und ein Angriff auf mein Selbstwertgefühl. Ich weiß natürlich, dass ich die Paulus-Briefe irgendwann „lieben" würde, wenn ich sie nur oft genug läse. Denn das menschliche Gehirn ist so aufgebaut, dass sich bei Verschaltungen, die oft benutzt werden, die Anzahl der Synapsen erhöht. Die Verschaltungen werden bei mehrfachen Wiederholungen automatisch „immer dicker" und sind immer einfacher zu gebrauchen, selbst wenn ich das vom Verstand her eventuell gar nicht möchte. Dieses Prinzip, das sich die gesamte Werbebranche zu Eigen macht, kann man auch auf jedes beliebige Buch übertragen: Wenn ich beispielsweise oft genug das Bürgerliche Gesetzbuch läse, würde ich es auch irgendwann „lieben" und für heilig erklären, sprich: sagen, dass nichts weggenommen oder hinzugefügt werden darf, weil es so, wie es ist, vollkommen ist. Zugegeben, Letzteres ist etwas übertrieben, aber ehrlich gesagt glaube ich daran, dass das Bürgerliche Gesetzbuch noch eher Heil in die Welt bringt als die Paulus-Briefe. Immerhin sind elementare Lebensprinzipien in ihm verwirklicht: Es beinhaltet Jahrtausende alte Rechtserfahrung, es ist ein Gemeinschaftswerk von unzähligen Juristen aus vielen Jahrhunderten und es ist wandelbar, von Zeit zu Zeit wird also etwas geändert. Die Paulus-Briefe hingegen sind Gelegenheitsschriften eines einzelnen – fehlbaren – Menschen. Sie taugen also nicht dazu, Millionen Mal in zig Jahrhunderten in nahezu allen Sprachen der Welt immer wieder gelesen zu werden.

Um in diesem Buch – das eine Momentaufnahme und kein Heiligtum ist, zur Diskussion ermutigen und in Neuauflagen stets wandelbar bleiben soll - die Lesbarkeit aufrecht zu erhalten, habe ich im Folgenden oft nur die weibliche Form benutzt. Wenn ich von Frauen schreibe, sind damit, wenn es inhaltlich passt, Frauen und Männer gleichermaßen gemeint.

Beginnen wir nun mit der näheren Betrachtung der Frage, warum wir heute hier in Deutschland Kinder kriegen sollten:

1. Allen deutschen Frauen ist bewusst, dass global gesehen die Überbevölkerung das größte Problem für die Menschheit ist.
In meinem Geburtsjahr 1974 lebten ca. 4 Milliarden Menschen auf der Erde. Nach allen Prognosen werden wir, die Anfang der 70er Jahre geboren worden sind, das Maximum der Weltbevölkerung von ca. 10 Milliarden Menschen um das Jahr 2050 herum[8] noch miterleben. Die Experten gehen davon aus, dass danach die Bevölkerungszahl wieder abnimmt, weil so viele Menschen von den Pflanzen und Tieren unseres Planeten nicht ernährt werden können. Soviel zum Analytischen, Gefühllosen. Aber was bedeutet das konkret? Die Menschen werden in Massen an Unterernährung sterben, allen voran natürlich Menschen in armen, klimatisch benachteiligten und kinderreichen Ländern der Welt. Viele Regionen werden wegen anhaltender Dürre oder vermehrten verheerenden Überflutungen nicht mehr bewohnbar sein. Eine menschliche Katastrophe bahnt sich an, die die meisten Experten, die heute darüber schreiben, nicht mehr mit-

---

[8] Quelle: Fischer Weltalmanach 2002

erleben werden. Aber *wir*, die wir heute darüber nachdenken, ob wir ein Kind in diese Welt setzen oder nicht, wir werden es zu spüren bekommen. Die ersten Anzeichen sind schon schleichend zu spüren, wenngleich sie noch nicht ernst genommen werden, da sie uns noch nicht persönlich bedrohen: Die EU produziert keine Getreide-Überschüsse mehr, weil der Export nach China rasant zugenommen hat (da sich dort durch die Orientierung am Westen auch die Ernährungsgewohnheiten geändert haben). Heute schon platzt China vor Menschen aus allen Nähten, die Grenze zu Russland wird schleichend aufgeweicht, indem Chinesen in dem strukturschwachen Grenzgebiet arbeiten, das Hochland von Tibet fällt der chinesischen Siedlungspolitik zum Opfer (gerade wurde die Eisenbahn fertig gestellt), und das, obwohl China als einziges Land der Erde schon vor Jahrzehnten die rigorose Ein-Kind-Regelung eingeführt hat und die Bevölkerung nun – ähnlich wie in Deutschland – vergreist. In Afghanistan und vielen afrikanischen Staaten liegt die Geburtenrate jedoch immer noch bei über 6 Kindern pro Frau[9]. Es klingt makaber, aber wo sollen die alle hin? Die Mädchen kann man in islamischen Ländern ja immerhin noch ganz gut gebrauchen: Einige reiche Männer können es sich gut gehen lassen. Aber was macht man mit den überzähligen jungen Männern? Gunnar Heinsohn hat dazu eine interessante These aufgestellt:[10] Dieser so genannte „youth bulge" – den es auch in Europa in früheren Zeiten gab – muss auswandern und neue Gebiete erschließen. Sobald das aber nicht mehr möglich ist, weil die Erde „voll" ist, dann kann er sich nur noch gegenseitig „abschlachten". Es gibt einfach zu viele junge Männer, und sie werden immer wieder Kriege anzetteln, weil sich immer ein scheinbarer Grund finden lässt, und das Morden wird so lange weiter

---

[9] Fischer Weltalmanach 2002, die Zahlen stammen aus 1999
[10] Gunnar Heinsohn: Söhne und Weltmacht, Zürich, 8. Aufl. 2006

gehen, wie mehr Kinder geboren werden, als das Land verkraften kann. Die Überproduktion vernichtet sich wieder selbst. Oder sie wandert eben aus. Und was wir schon heute mit afrikanischen jungen Männern an der europäischen Grenze erleben, wird sich dramatisch verstärken: Junge Männer aus überbevölkerten Staaten werden versuchen, die vergleichsweise immer noch dünn besiedelten Gebiete der Erde zu bevölkern – und spätestens dann wird es auch ein Problem der Deutschen sein! Denn – wie oben schon angesprochen – wird auf deutschen Feldern zwar mehr Getreide geerntet, als die deutsche Bevölkerung zum Leben braucht. Wenn sich durch den Zustrom von Menschen aber die Bevölkerung verdoppelt, wird die Produktion kaum noch ausreichen. Zumal wir ja durch den Anbau für die Biogasanlagen die Getreide-Anbaufläche bereits um ca. ein Fünftel reduziert haben. Nun kann man versuchen, sich in einer Festung Europa zu verschanzen, aber wer sich ein wenig in der Geschichte auskennt, weiß, dass nur die wenigsten Festungen uneinnehmbar waren. Wenn der Angreifer zu stark wurde, ließ man ihn entweder freiwillig herein oder verlor noch einige eigene Kämpfer. Dann wechselte die Immobilie ihren Besitzer, Wertgegenstände wurden geplündert, Frauen geraubt u.s.w. Nun kann man also argumentieren: „Wenn der potentielle Angreifer stärker wird, müssen wir drinnen auch stärker werden: Also, deutsche Frauen, produziert potentielle Kämpfer, um das Vaterland zu verteidigen!“ Dieses Thema wird in Kapitel 4 noch näher beleuchtet werden. An solch ein Szenario denkt man in Deutschland gar nicht, und es wäre auch irrsinnig, zu glauben, man könnte die Produktion kurzfristig von 1,3 auf 6 Kinder pro Mann erhöhen (merkwürdig übrigens, dass in den Statistiken immer von Kindern pro Frau gesprochen wird, denn jedes Kind hat schließlich auch einen Vater). Netter ausgedrückt: In Deutschland ist man schon weise genug, um zu sehen, dass es in der überbevölkerten Welt keine Lösung ist, auch noch ein menschliches Bollwerk aufzustellen. Unsere Stärken liegen – vereinfacht gesagt – in der Produktion von Technik und nicht in der Produktion von Kindern. Also haben sich die Deutschen eigentlich schon damit abgefunden, dass sie rein mengenmäßig nicht werden mithalten können, wenn die Weltbevölkerung auf immer engeren Raum zusammenwächst. Damit sind wir schon beim nächsten Thema:

2. Wer sind überhaupt *die Deutschen*, die angeblich zu wenige Kinder bekommen?

Geht es hier um eine „Rasse" oder um die Staatsbürgerschaft? „Hilfe, die Deutschen sterben aus!" ist nicht mehr als ein Schlagwort. Es ist für uns als heute Lebende wirklich völlig egal, ob die Anzahl der „Deutschen" in den nächsten 500 Jahren so weit sinkt, dass es kein abgegrenztes „Volk" mehr gibt, sondern sich die Menschen mit „deutschem Blut" so sehr mit anderen Völkern vermischt haben, dass es „die Deutschen" an sich nicht mehr gibt. Das Argument, dass „die Deutschen" aussterben, kann sowieso nicht ganz ernst gemeint sein. Was ist zum Beispiel, wenn eine deutsche Frau ein Kind mit einem afrikanischen Mann bekommt? Dann hat das Kind einen deutschen Pass, aber gehört doch nicht mehr zum landläufigen Bild der „Deutschen". Und was ist mit den Millionen Deutschen, die in die USA oder nach Kanada ausgewandert sind? Die fühlen sich heute ganz als Amerikaner oder Kanadier, deren Kinder sowieso. In Deutschland dauert das zwar etwas länger, aber eine Entwicklung in diese Richtung wird sich auch hier vollziehen: Je mehr eingebürgerte ehemalige Ausländer sich als Deutsche fühlen, desto mehr wird sich die Identität der Deutschen verändern: Es geht nicht mehr um die „rassige" Herkunft, es geht um eine gefühlte Identifikation mit dem Land, in dem man lebt (und erst in zweiter Linie mit der Regierung, die dieses Land regiert). Leider wird hierzulande von einigen Menschen, die die Organisation des Staates bzw. die Regierung kritisieren, gleichzeitig auch das gesamte Land Deutschland kritisiert. Deutschland *ist* jedoch nicht das Regierungssystem! Deutschland *ist* eine wunderschöne, vielseitige Landschaft mit Wäldern, Hochgebirge, Flussauen, Hügelland, Meeresküsten, Mooren, Heide u.s.w. Deutschland sind wunderbare Menschen, die die Freiheit des Geistes lieben, die aber leider ihre Privilegien als etwas zu selbstverständlich hinnehmen. Uns Menschen, die wir hier in diesem Land leben, geht es verdammt gut, und trotzdem scheint es zu unserer Kultur zu gehören, dass wir uns immer beschweren und versuchen, andere und auch uns selbst schlecht zu reden. Welchen Maßstab legen wir denn an, wenn wir uns über unsere Lebensverhältnisse beschweren? Wir haben wirkliche Meinungs- und Religionsfreiheit, Reisefreiheit, müssen nur noch selten harte körperliche Arbeiten verrichten, haben Autos, Zentralheizung, Wasch- und Spülmaschinen. Die Landwirte haben Mähdrescher, Rübenroder sowie automatische Fütterungs- und Melkanlagen. Das muss man mal deutlich sagen: Das Problem der Deutschen ist ein psychologisches Problem: Alle positiven Neuerungen, Erleichterungen des Lebens, auch Steuererleichterungen werden fast unbeachtet hingenommen und im nächsten Moment als Selbstverständlichkeit angesehen. Da wird genommen und die Hand schon wieder aufgehalten. Wenn mir etwas geschenkt wird, was mein Leben bequemer macht, dann will ich gleich noch mehr davon! Die andere Herangehensweise wäre, mit den neuen Möglichkeiten zunächst einmal zufrieden zu sein, erst einmal auszuprobieren, was *ich* jetzt alles *tun* kann innerhalb dieser erweiterten Rahmenbedingungen. Statt dessen drängt sich das Urteil auf, die Deutschen seien fett und faul. Stellen Sie sich einmal vor, es gäbe eine staatlich subventionierte Menschen-Fütterungsmaschine vor jedem Fernseher. Es gäbe drei Möglichkeiten, damit umzugehen: Einige wenige Menschen würden die Maschine wohl schlichtweg ablehnen, weil ihnen die Zubereitung ihrer Mahlzeiten Freude macht. Einige wenige Menschen würden mit dieser Maschine zufrieden sein und sich über diese neue Erleichterung ihres Lebens freuen. Der Großteil der Deutschen würde sich aber vermutlich nur über die Menü-Auswahl beklagen und später noch dem Staat die Schuld geben, wenn sie aus Bewegungsmangel krank werden…

3. Die Altersvorsorge ist in aller Munde.

Versicherungsunternehmen steigern ihre Gewinne kräftig, Aktionäre freuen sich: Die Angst der Menschen vor Altersarmut wird immer weiter geschürt. Heute liegt die durchschnittliche monatliche Altersrente einer Frau in den alten Bundesländern bei 468 EUR.[11] Das steuerliche Existenzminimum wurde auf 640 EUR im Monat festgelegt. 66,2% der Rentnerinnen in den alten Bundesländern erhalten eine Rente von weniger als 600 EUR.[12] Das bedeutet, dass die durchschnittliche Rentnerin heute entweder von ihrem Ehemann abhängig ist oder von staatlicher Unterstützung. Nur die wenigsten Rentnerinnen können selbst von ihrer Rente ihren Lebensunterhalt bestreiten. Die Gemeinden können froh sein, dass viele ältere Frauen es als würdelos empfinden, staatliche Hilfe in Form von „Hartz 4" zu beantragen. Die jüngere Frauengeneration wäre da sicherlich skrupelloser und würde ihre Rechte einfordern. Klar ist, dass die Renten aufgrund der niedrigen Geburtenrate in den nächsten Jahrzehnten sinken werden. Aber das Dilemma ist:

---

[11] Rentenbestand am 31.12.2007. Quelle: Statistik der Deutschen Rentenversicherung, „Rentenversicherung in Zahlen 2008" vom 22. August 2008, S. 34-37. In den neuen Bundesländern liegt der Wert bei 669 EUR.

[12] Ebd. S.40-41. In den neuen Bundesländern sind es nur 35,3%

Ich als Frau habe rentenmäßig nichts davon, wenn ich Kinder erziehe, denn meine Rente wird danach berechnet, wieviel Arbeitsentgelt ich in meinem Leben verdient habe. Das wird zwar durch die Kindererziehungszeiten ein wenig aufgestockt, aber fest steht: Am meisten Rente bekommt diejenige, die ihr Leben lang voll gearbeitet und viel Geld verdient hat, und nicht die, die viele Kinder aufgezogen hat, welche später viel in die Rentenkasse einbezahlen. Als die Rentenversicherung vor ca. 130 Jahren von Otto von Bismarck eingeführt wurde, hat man dabei leider die Mütter vergessen. Gab es vorher so gut wie keine Altersarmut bei Frauen, weil die Kinder direkt für die Unterstützung der eigenen Eltern zuständig waren, waren nach der Reform plötzlich die Frauen die Leidtragenden: Sie sorgten für die späteren Einzahler in die Rentenkasse, aber erhielten selbst keine Zahlung aus dieser Kasse. Nutznießer waren die Verdiener, und das waren zum größten Teil Männer: Sie erdienten sich einen Rentenanspruch, während die Frauen im Alter darauf angewiesen waren, die Gunst ihrer Göttergatten nicht zu verlieren, um ein Dach über dem Kopf und etwas zu Essen zu haben. Bis heute hat sich an diesem Prinzip nichts Wesentliches geändert. Es hat sich nur noch dadurch verschärft, dass seit der Einfühung des neuen Rentensystems im Jahr 1957 nur minimale Rücklagen gebildet werden, und somit das Geld bald nicht mehr ausreichen wird, auch wenn das Mütter-Problem noch gar nicht angegangen wurde. Ist dieses System gerecht? Mit Sicherheit nicht. Ohne Frage sollten die, die etwas für die Gesellschaft leisten, im Alter von der nächsten Generation finanziell abgesichert werden. Aber es leisten doch nicht die am meisten, die am meisten Arbeitsentgelt bekommen haben?! Gerecht wäre, Rentenansprüche einzig und allein nach Kindererziehungszeiten zu berechnen. Denn nur diejenigen, die dafür gesorgt haben, dass eine neue Generation von Rentenzahlern heranwächst, haben es verdient, von eben dieser Generation später versorgt zu werden. Dann hätte die Frau, die neun Kinder groß gezogen hat, die höchste Rente. Stellen Sie sich bitte einmal vor, es wäre so. Was denken Sie dabei? Sie denken wahrscheinlich, genau wie ich, weil wir in dieses System hineingeboren wurden: Das kann man nicht machen. Der neunfachen Mutter können wir nicht die höchste Rente zahlen. Wir stellen sie uns als ungebildet vor und finden es normal, dass sie es sich auch im Alter nicht leisten kann, in den Urlaub zu fahren, wo sie doch schon ihr halbes Leben der Kinder wegen auf Reisen verzichtet hat. Andererseits halten wir es für gerecht, dass der Vorstandsvorsitzende einer Großbank oder Aufsichtsratschef eines Autokonzerns, der in seinem Berufsleben ein horrendes Jahresgehalt gezahlt bekam und somit von der gesetzlichen Rentenversicherungspflicht befreit ist, einen Teil seines Geldes in private Rentenversicherungen investiert konnte, die er im Alter ausbezahlt bekommt, um auf keinen Fall seinen Lebensstandard senken zu müssen und sich große Reisen auf Luxusjachten leisten zu können. Wir finden es also gerecht, dass die neunfache Mutter keine Möglichkeit hatte, sich Rentenanwartschaften zu erwerben, die dazu ausreichen, im Alter ihren Lebensunterhalt zu bestreiten. Statt dessen wäre es gerechter, dies komplett umzudrehen!! Es müsste eine (freiwillige) Umverteilung zugunsten der Mütter geben, bei der die privaten Rentenversicherungen und die Beamtenpensionen ausdrücklich eingeschlossen werden, weil das Geld aus der gesetzlichen Rentenversicherung dafür nie und nimmer ausreichen würde. Die neunfache Mutter würde dann auf einer Luxusjacht für ihre langjährigen Strapazen belohnt werde, und der Ex-Vorstandsvorsitzende würde etwas kürzer treten, was ihm aber nicht sehr schwer fallen wird, da er sicherlich noch ein paar Nebeneinkünfte hat oder noch andere Geldanlagen außer den privaten Rentenversicherungen.

Zurück zum heutigen Individuum: Ich als Frau Anfang 30 überlege mir, wie viel Rente ich später bekommen werde. Ich rechne nach und merke, selbst wenn ich bis 65 arbeite, müsste ich eigentlich noch eine Zusatzrente abschließen, um einigermaßen meinen Lebensstandard halten zu können. Kann man mir vorwerfen, dass ich solche Überlegungen anstelle? Wohl kaum, denn das tun heutzutage alle Deutschen, es ist von Seiten der Politiker auch gewollt, und alle Zeitungen sind voll davon. Bei diesen Überlegungen kommt nun heraus, dass ich im Alter also halbwegs abgesichert bin, wenn ich keine Kinder bekomme, aber unter dem Existenzminimum leben werde, wenn ich Kinder bekomme (weil ich voraussichtlich viele Jahre lang nur halbtags arbeiten werde). Hier geraten wir argumentativ in solch eine Schieflage, dass sich kaum einer mehr traut, sie öffentlich auszusprechen: Die Frau soll (nach den Werbestrategen der Versicherungsunternehmen) Angst bekommen vor Altersarmut. Sie soll „vernünftig" sein und rechtzeitig vorsorgen, was bedeutet, heute weniger Geld zur Verfügung zu haben und später voraussichtlich mehr. Aber gleichzeitig soll sie genau diese Altersarmut *aktiv wählen*, indem sie freiwillig und finanziell unhonoriert Kinder auf die Welt bringt und sich „ehrenamtlich" um sie kümmert. Wenn es um die Altersversorgung geht, ist es aber *sehr unvernünftig*, Kinder zu bekommen! Das Menschenbild, welches dahinter steckt, ist unheimlich und abgrundtief frauenfeindlich: Von der Frau wird verlangt, dass sie sich selbst *aktiv*, aus freien Stücken und möglichst noch aus Gründen der Liebe ins „finanzielle Verderben" stürzt.

Die Frau soll also gefälligst selbstlos sein, und an die Gemeinschaft mehr denken als an sich selbst.

In einer blühenden Zeit des Kapitalismus, in der in allen Medien nur der finanzielle Reichtum zählt, soll sich die Frau auf Werte wie Liebe, Kuscheln und angebliche Ur-Instinkte besinnen, diese höher einschätzen als den finanziellen Erfolg im Leben, ja sogar höher als die Sicherung des Existenzminimums im Alter! Und warum soll sie das? Damit die Leute, die ihr Leben lang *nicht* in der Kindererziehung gearbeitet haben, den *finanziellen* Nutzen daraus haben! Das ist doch absurd! Die Frau wird doppelt und dreifach für dumm verkauft! Wenn es den Menschen, die für mehr Kinder in Deutschland plädieren, wirklich um andere Werte gehen würde wie Kuscheln oder Familienspaziergänge, *dann würden sie selbst mehr Zeit mit Kindern verbringen,* anstatt es nur von anderen zu verlangen! Als Frau fühlt man sich in diesem Punkt wie ein kleines Kind, das von seinen Spielkameraden vergackeiert wird, wenn man ihm sagt, es solle etwas bestimmtes tun, was angeblich ganz cool wäre. Und wenn das Kind es dann tatsächlich tut, wird es ausgelacht. Ja, liebe Frauen: Bekommen Sie Kinder! Die Kinderbetreuung wird Sie innerlich befriedigen! Aber falls Sie sich später einmal nach Ihrem Rentenanspruch erkundigen, wird man Ihnen sagen: „Tut uns leid, aber Sie haben zu viel Zeit mit der Kinderbetreuung verbracht und zu wenig Rentenversicherungsbeiträge eingezahlt. Daher steht Ihnen nur eine sehr kleine Rente zu." Das ist mit Sicherheit nicht das, was im Vorwort mit „Würde" im Sinne von „Achtung seitens der Umwelt" gemeint war.

Breite ich nun diese Argumentation vor Angehörigen der älteren Generation aus, bekomme ich meist als Antwort: „Du hast zwar Recht, aber es wäre trotzdem schön, wenn du Kinder bekommen würdest!" Ja, ist das ein Wunder? Das muss die ältere Generation ja sagen, denn sie möchte ja auch in ferner Zukunft noch Rente bekommen, wenn auch ich schon längst im Rentenalter bin! Stellen Sie sich einmal folgendes Bild vor:

Hundert Menschen stehen auf einer Wiese und tragen gemeinsam eine große, dünne Eisenplatte, auf der zehn Menschen sitzen. Es wird den hundert Trägern nicht schwer fallen, die Eisenplatte zu halten, denn das Gewicht verteilt sich gut. Nun passiert es aber, während Sie die Szene beobachten, dass nach und nach immer mehr von diesen hundert Menschen ihre Träger-Position verlassen und sich nach oben auf die Eisenplatte setzen (weil sie schon so lange unten getragen haben und zu Recht meinen, sie seien nun auch einmal an der Reihe, oben zu sitzen). Nach einiger Zeit merken die Träger, dass die Platte schwerer wird, sie spüren das Gewicht, werden langsam missgelaunt und wenden sich nun an die umstehenden Personen, also auch an Sie: „Kommen Sie her und helfen Sie mir. Auch ich möchte bald oben auf die Eisenplatte steigen, da brauche ich unbedingt jemanden, der meinen Platz einnimmt, und am Besten den meines Nachbarn gleich mit!" Würden Sie hingehen und ihn ablösen? Bis zu welchem Verhältnis zwischen Trägern und Getragenen würden Sie noch hingehen, ab welchem Verhältnis würden Sie sich verweigern? Eins zu eins (55 Träger, 55 Getragene)? Und würden Sie ihr Kind, nach dem die oben Sitzenden schreien, dort hinschicken, wenn Sie genau wüssten, dass es dem Druck auf Dauer nicht standhalten kann, weil bald doppelt so viele Menschen oben sitzen werden wie unten tragen? Um die Frage für mich zu beantworten: Ich als verantwortungsvolle Mutter würde schnell mit meinem Kind weglaufen. Das ist kein gutes Spiel für mein Kind. Ich kann meinem Kind ehrlicherweise nur drei Dinge raten: „Entweder werde selbstständig oder arbeite überhaupt nicht, zahle also niemals etwas in dieses Rentensystem ein, denn das würde dir nie jemand danken. Oder, wenn du beides nicht willst, geh zum Arbeiten ins Ausland."

Das Dilemma sieht heute wie folgt aus: Wer heute 40 Jahre alt ist, weiß schon, dass er insgesamt mehr in die Rentenkasse einzahlen wird, als er jemals herausbekommen wird. Er ist also schon „zu spät" eingestiegen in dieses etwas bessere Schneeballsystem. Wenn er mit 65 oder 67 ins Rentenalter eintritt, leben seine ca. 90-jährigen Eltern wahrscheinlich auch noch. Und seine Kinder müssen dann nicht nur seine eigene Rente bezahlen sondern auch die seiner Eltern. Und ein 40-jähriger Mann stellt sich nun die Frage, ob er es verantworten kann, unter diesen Umständen ein Kind in dieses System auszusetzen bzw. ein Kind diesem System auszusetzen. Eine Frau stellt sich diese Frage - ihrer biologischen Uhr wegen - schon 10 Jahre früher, verbunden mit dem Dilemma, in dem sie sich als Mutter zwangsläufig befinden wird: Setzt sie einige Jahre in ihrem Beruf ganz aus, wird sie in den meisten Fällen den Anschluss an die dynamische Arbeitswelt verlieren, von verlorenen Rentenansprüchen ganz zu schweigen. Setzt sie nur halb aus, um sich in Teilzeit um ihre Kinder zu kümmern, ist das Problem zwar halbiert, aber bleibt im Kern dasselbe. Ich erziehe mein Kind, habe damit sehr viel Arbeit (die aber gesellschaftlich und finanziell nicht honoriert wird) und muss ihm später noch das Rentensystem erklären und seine Klagen darüber aushalten.

Das Schlimme an dieser Situation, das man sich nur ungern bewusst macht, ist: Wir befinden uns immer noch in der Nachkriegszeit: Die Folgen der makaberen „Selektion" der Nationalsozialisten sind bis heute spürbar. Es gibt heute wenige 80-90jährige Männer. Deren Anzahl wird in den folgenden Jahrzehnten stetig ansteigen. Außerdem gibt es so gut wie keine betreuungsbedürftigen Behinderten über 60 Jahre (mit Ausnahme von denen, die sich ihre Behinderung erst später erworben haben), weil sie aus Gründen der „Volksgesundung" bereits als Kinder getötet worden sind. In den nächsten Jahrzehnten wird also auch die Anzahl der älteren betreuungsbedürftigen Behinderten enorm ansteigen. Diese Kosten gehen zwar nicht zu Lasten der Rentenkasse, müssen aber ebenfalls von der nachfolgenden Generation getragen werden. „Zum Glück" sorgt man ja in diesem Punkt für die Zukunft vor, indem es Frauen nahe gelegt wird, behinderte Kinder noch bis zum 9. Schwangerschaftsmonat (also ohne Frist) „abzutreiben", wobei Abtreiben in diesem Fall eine aktive Tötung ist. Dazu mehr in Kapitel 4.

4. „Pass bloß auf, dass du noch kein Kind bekommst, sonst machst du dir dein ganzes Leben kaputt!"

Jedes Mädchen kennt diese Ermahnungen von Müttern, Vätern, Verwandten, Freundinnen, aus der Schule, aus Zeitschriften, aus dem Fernsehen. Dieser Gedanke schweißt sich so sehr ins Unterbewusstsein ein, dass er auch bei der längst erwachsenen Frau immer wieder auftaucht. Und im Endeffekt gilt er auch für die kinderlose Frau Anfang 40: Sie würde sich tatsächlich ihr weiteres Leben insofern kaputt machen, dass sie sich nicht mehr nur um ihr eigenes Wohlergehen sorgen müsste sondern auch um die Bedürfnisse eines kleinen, zunächst völlig hilflosen Wesens, die den eigenen Bedürfnissen oft widersprechen. Zwar hat diese Frau schon viele Erfahrungen mit Freund- und Partnerschaften gesammelt, hat gelernt, Kompromisse einzugehen und nicht zu jedem Zeitpunkt all ihre Wünsche verwirklichen zu können, sondern Bedürfnisse aufzuschieben, zu hinterfragen und zu ändern sowie Zeitpläne zu überdenken. Aber stets hatte sie es mit Menschen zu tun, die auch ein gewisses Maß an Kompromissfähigkeit besitzen oder dies zumindest mit Hilfe einer ausdauernden Lehrerin lernen können. *Ein Baby hingegen ist nicht kompromissfähig.* Das Problem vieler Mütter ist, dass sie das Programm, ihre eigenen Bedürfnisse zu spüren, geschweige denn zu äußern oder zu verwirklichen, in der

Babyzeit völlig von ihrer Festplatte löschen und den richtigen Zeitpunkt verpassen, es zu reaktivieren. Eine Frau „muss" nicht ihr Wochenende damit verbringen, die Wäsche ihres 20-jährigen Sohnes zu waschen. Zugegeben, das war jetzt ein krasser Übergang, aber das ist gang und gäbe! Ja, die Mutter freut sich, wenn sie ihren erwachsenen Sohn bekochen kann, bevor er auf eine Party geht, der Junge muss schließlich etwas im Magen haben. Aber schenkt er ihr dafür sein strahlendes Lächeln aus den großen dunklen Augen? Schlummert er dafür voller Urvertrauen auf ihrem Schoß ein, wobei sie ihm einen zärtlichen Kuss auf die Stirn gibt und dabei seinen niedlichen Duft genießt? Es waren doch diese Dinge gewesen, die Bedürfnisse der Mutter befriedigt hatten, als der Sohn noch ein Baby war. Heute wäre ihr Bedürfnis vielleicht ein vertrauensvolles Gespräch mit dem Sohn, aber das bekommt sie nicht. Die Frau hat den richtigen Zeitpunkt verpasst, wieder in sich hineinzuhorchen und zu trennen, was ihr Eigenes ist und was das Fremde. Das Kuriose: Spricht man solche Mutter-Exemplare darauf an, kommt als Antwort: „Warte ab, bis du selbst Kinder hast!" Was ist das, eine Warnung? Dass ich automatisch auch meine Identität als Individuum verlieren und aufgehen werde in einem kollektiven Mutter-Überbehüte-Syndrom? Da kann einem ja angst und bange werden! Das heißt, ich bin noch nicht aufgenommen in den Club der heiligen Mütter und kann daher ihren Geheimcode nicht verstehen, der da heißt, Erfüllung in der Selbstaufgabe zu finden? Vielleicht ist es gar nicht mein Ziel, dort aufgenommen zu werden. Und schon bin ich wieder beim Ausgangssatz: Mit einem Kind macht man sich das ganze Leben kaputt. Jedenfalls kann das ganz schnell passieren, dass man nur noch funktioniert und die eigene Persönlichkeit verliert, wenn man nicht sorgfältig aufpasst!

5. „Was, du hast keine Kinder?"

Dieser Satz, von der 7-jährigen Tochter einer Bekannten mit Inbrunst in der Stimme und Ungläubigkeit in den Augen ausgesprochen, regte mich neulich zum Nachdenken an. Die Aussage, dass ich meine Kinder erst später bekommen möchte, interessierte sie nicht. Denn ein Kind lebt ganz in der Gegenwart. Diese Fähigkeit, ganz im Hier und Jetzt zu leben, ist eine großartige, die den Erwachsenen oft verloren gegangen ist. Was bedeutet schon meine „Lebensplanung", meine Absichtserklärung, meine Kinder später bekommen zu wollen? Es sind nur Worte. Sie haben weder Hand noch Fuß. Und anstatt von dem Kind zu lernen, und tatsächlich in der Gegenwart zu bleiben, gehe ich – wie alle Erwachsenen – gleich einen Schritt weiter und denke: „Was ist, wenn ich den optimalen Zeitpunkt schon verpasst habe? Jetzt bin ich über 30, die Fruchtbarkeit nimmt langsam ab, vielleicht klappt es gar nicht mehr mit dem Kinder kriegen und ich hätte doch schon vorher…" Ja, die Kleine hatte Recht. Sie hat es auf den Punkt gebracht. Die momentane Wahrheit ist: *Ich habe keine Kinder.* Aus Kindersicht ist das ganz existentiell: Nicht auszudenken, wenn ihre eigenen Eltern keine Kinder hätten! Was bedeutet es, etwas nicht zu haben? Man spürt einen Mangel. Heißt das, ich muss jetzt sofort alles daran setzen, schwanger zu werden, um diesen Mangel nicht mehr zu spüren? Ist es überhaupt ein echter Mangel, der mir mit Hilfe des kleinen Mädchens plötzlich bewusst geworden ist? Oder ist das, was ich spüre, nur spontaner Neid, weil ich etwas nicht habe, was andere Menschen haben? Wie kann ich das voneinander unterscheiden? Wobei sich schon die nächste Überlegung anschließt: Wo sind meine zukünftigen Kinder eigentlich jetzt, wenn sie *noch nicht* leben? Existieren sie schon auf irgendeine Art und Weise? Schwirren sie vielleicht als Seelen im „unendlichen Seelenpool" herum und warten auf den richtigen Zeitpunkt, sich in mich einzunisten?

Was werde ich dann für mein Kind sein, das zu mir kommen wird? Nur ein Werkzeug, eine Hülle, die das Kind zu seiner Entwicklung braucht und später fallen lässt? Warum sollte ich mich für diese Rolle zur Verfügung stellen? Weil es der „genetische Wille" aller Säugetiere der Erde ist? Ich bin solch ein komplex denkender Mensch, kann in philosophische und steuerrechtliche Gedankengebäude hinein fliegen, und plötzlich geht es nur noch um meinen Körper, um meine Hülle? Und das soll meine „Bestimmung" sein? Mich vom Hochgeistigen wieder auf die körperlich-primitiven Leistungen meines Körpers zu reduzieren?

6. Zwischenbilanz

Fassen wir nach dieser ersten Annäherung an das Für und Wider des Kinder kriegens kurz zusammen: Einige Punkte sprechen dagegen: Erstens die globale Überbevölkerung, zweitens das deutsche Rentensystem und drittens die Gefahr, später ein ausschließlich fremdbestimmtes Leben zu führen. Es sprechen jedoch auch einige Punkte dafür: Erstens könnten die Deutschen aussterben, falls ich nicht tätig werde, zweitens spüre ich einen Mangel in mir, den ich durch ein Kind zu beheben glaube und drittens möchte ich der ganzen Welt ein Beispiel dafür sein, dass man sich durch ein Kind sein Leben eben nicht kaputt machen lässt. Somit steht es 3:3. Patt-Situation. Wir befinden uns in einem Konflikt, der sich quasi nicht auflösen lässt. Wie ich mich auch verhalte, es ist immer falsch. Oder immer richtig. (Je nachdem, wie gut es mir gelingt, meinen Standpunkt nach außen zu vertreten bzw. mich für mein Verhalten zu rechtfertigen.) Die Entscheidung für oder gegen Kinder scheint doch noch etwas komplizierter zu sein, zumal sich einige Argumente gegenseitig widersprechen bzw. ausschließen. Daher ist es notwendig, noch eine Stufe tiefer unter die Oberfläche zu schauen.

3. Rollenbilder

Stellen Sie sich vor, Sie fahren mit Ihrem Auto auf eine große, viel befahrene Kreuzung zu und sehen, wie alle Fahr-
zeuge einen umständlichen Bogen fahren müssen: Genau auf
der Höhe der Ampel steht – halb auf der Straße und halb auf
der Verkehrsinsel – ein Auto mit geöffneter Motorhaube,
über die sich ein Mann beugt. Auch Sie fahren im Bogen an
ihm vorbei, wahrscheinlich ohne sich viel dabei zu denken,
möglicherweise huscht Ihnen nur ein leises Gefühl von Mitleid durch den Kopf: „Ist schon dumm, dass ihm das gerade
hier auf der Kreuzung passieren muss." Und nun stellen Sie
sich dieselbe Szene noch einmal vor, mit dem Unterschied,
dass sich anstatt eines Mannes eine Frau über die Motorhaube beugt: Was denken Sie nun? Vielleicht Folgendes: „Na
typisch. Hätte sie nicht noch zehn Meter weiter über die
Kreuzung fahren können, damit sie den fließenden Verkehr
nicht behindert? Bestimmt kennt sie sich mit ihrem Auto
nicht aus und hat deshalb nicht rechtzeitig erkannt, was ihm
fehlt. Jetzt hat sie den Salat und kann einem echt leid tun,
weil sie jetzt noch alle Menschen bei dieser Peinlichkeit
beobachten!" Auch ich ertappe mich dabei, gesellschaftliche
Rollenbilder in meine vorurteilsvolle Denkweise übernommen zu haben. Im Fall Mann bin ich mir sicher, dass er
plötzlich und unverschuldet in diese Lage gekommen ist und
sich völlig richtig verhalten hat: Ursache für die Situation ist
ein technischer Defekt zum unpassenden Zeitpunkt. Im Fall
Frau gehe ich davon aus, dass sie sich falsch verhalten hat:
Die Ursache der Situation liegt in ihrem Verhalten. Dabei
gibt es keinerlei objektiven Grund für diese Annahmen. Es
ist einzig und allein ein psychologisches Phänomen, das im
Auge des Betrachters liegt, der in seinem Leben schon
unzählige Reaktionen von Menschen auf Situationen erlebt
hat, welche er in seine Art der Wahrnehmung und Bewer-

tung unwillkürlich einfließen lässt. Auch der Mann und die Frau, welche tatsächlich in eine solche Situation kommen, haben diese Bilder verinnerlicht: Dem Mann wird es wahrscheinlich nicht peinlich sein, mitten auf der Kreuzung eine Panne zu haben, der Frau aber sehr wohl. In der Psychologie ist ein Modell dazu entwickelt worden: Wenn ich eine Aufgabe nicht bewältigt habe (wie hier: Das defekte Auto noch über die Kreuzung zu fahren), dann habe ich zwei Möglichkeiten: Wenn ich sage, die Aufgabe war unlösbar (die Ursache liegt im Außen), wird mein Selbstwertgefühl nicht angetastet, ich bin weiterhin motiviert, andere Aufgaben zu lösen, und werde bei der Bewältigung der neuen Aufgaben voraussichtlich Erfolg haben. Sage ich jedoch, ich war einfach zu schlecht, um die Aufgabe zu lösen (die Ursache liegt im Innen), dann werden diese Gedanken zu Lasten meines Selbstwertgefühls gehen, und ich werde mich an meinen Misserfolg erinnern, wenn es gilt, weitere Aufgaben zu lösen, sodass ich voraussichtlich scheitern werde.

Zwei weitere Beispiele: Ich bin mit zwei Bekannten im Auto unterwegs, einer der beiden Männer fährt. An unserem Ziel angekommen beginnt er, rückwärts einzuparken. Es gelingt ihm nicht so recht, er versucht zu korrigieren, was ihm auch nicht glückt, schließlich fährt er wieder aus der Parklücke heraus und unternimmt einen neuen Versuch, bis er nach ungefähr drei Minuten endlich gut steht. Keiner von uns verliert darüber ein Wort. Einige Tage später fahre ich mit dem Auto eines männlichen Freundes, während er neben mir auf dem Beifahrersitz sitzt. Es ist ein großes Auto einer Marke, mit der ich noch nie vorher gefahren bin. An unserem Ziel angekommen, parke ich ganz normal rückwärts ein, und während wir aussteigen, sagt er: „Wohw! Perfekt eingeparkt! Und das mit diesem Auto! Hätte ich Dir gar nicht zugetraut!"

Was sollen uns diese beiden Beispiele sagen? Sie ahnen es: Es geht wieder um Psychologie. Es ist gesund fürs Selbstvertrauen und die Bewältigung späterer Aufgaben, auf kleine Misserfolge keine große Aufmerksamkeit zu legen. Warum sollte man auch über das umständliche Einparken des Bekannten reden? Es ist halt passiert, hat jedoch keine große Bedeutung, weil es uns nur drei Minuten unserer Lebenszeit gekostet hat. Man hat Respekt vor dem Bekannten, und macht ihn nicht auf seine Schwächen aufmerksam (respectare heißt in der Ursprungsbedeutung: „nur dort hinschauen, wohin es sich zu schauen gehört"). Und was ist nun, wenn man für die Bewältigung einer Aufgabe, die sehr einfach war, überschwänglich gelobt wird, wie ich für mein Einparken mit dem mir unbekannten Auto? Hier wird eine unangemessen große Aufmerksamkeit auf etwas gelegt, das selbstverständlich ist, und dies führt – wenn es öfter vorkommt - zu einer Verminderung des Selbstvertrauens der Person, die gelobt wird. Die Folge ist, dass sie sich beim nächsten Mal, wenn sie eine vergleichbare Aufgabe löst, zum ersten Mal Gedanken darüber macht, ob sie der Aufgabe auch wirklich gewachsen ist. Denn Lob führt – ohne dass wir uns dagegen wehren können – zu erhöhten Glückshormon-Ausschüttungen, die wir gern wiederholen möchten. Selbst wenn wir rational durchschauen, dass dieses Lob nicht angemessen war und wir mit demjenigen, der das Lob ausgesprochen hat, darüber geredet haben, ist der körpereigene Wunsch nach Hormon-Ausschüttungen stärker als der Verstand: Beim nächsten Mal Einparken sehnen wir uns unwillkürlich wieder nach einem Lob vom Beifahrer, bekommen aber keins, weil es sich beim Einparken ja um eine Normalität handelt. Dazu sagt dann unser enttäuschter Hormon-Haushalt, der seine ganz eigene Logik hat: „Ich habe perfekt eingeparkt, bekomme aber kein Lob, also muss ich es beim nächsten Mal noch perfekter machen" (was natürlich bei solch einer Banalität wie Einparken nicht geht). Dadurch komme ich bei zukünftigen Einpark-Situationen in eine gefährliche Schleife des Leistungsabfalls hinein: Ich lege meine erhöhte Aufmerksamkeit auf etwas, das gar nicht so viel Aufmerksamkeit benötigt, und *dadurch* kommt es vor, dass ich wirklich nicht mehr einparken kann. Zum Glück macht man keine Experimente wie das folgende: Aber würden Sie zu einem 7-jährigen Kind jeden Morgen sagen: „Hey, das ist ja großartig, dass Du heute Nacht nicht ins Bett gepinkelt hast!" (was das Kind allerdings schon seit vier Jahren nicht mehr getan hatte), können Sie sicher sein, dass sie nach kurzer Zeit morgens ein nassgepinkeltes Bett vorfinden werden. So einfach funktioniert die Psyche, und zwar nicht nur der Kinder! Wenn Sie von ihrem Chef regelmäßig für Routine-Arbeiten überschwänglich gelobt werden, wird Ihre Leistung im Beruf mit Sicherheit abfallen.

Ein viertes Beispiel: Sie hören davon, dass der Sohn einer Bekannten mit erst 16 Jahren Vater wird. Was denken Sie? Vielleicht: „Oh je, der Arme. Hoffentlich hat er Eltern, die ihn gut unterstützen, damit er eine Ausbildung machen kann und wenigstens noch ein bisschen etwas von seiner Jugend hat." Sie ahnen schon: Die nächste Frage heißt: Was denken Sie, wenn sie von der Schwangerschaft der 16-jährigen Tochter einer Arbeitskollegin hören? Wahrscheinlich etwas wie: „Konnte sie nicht aufpassen? Hat sie nichts über Verhütungsmethoden gelernt? Was fällt ihr ein, sich ihre Zukunft zu verbauen? Hat ihre Mutter sie nicht genügend aufgeklärt? Oder hat sie es vielleicht sogar absichtlich gemacht, weil sie meint, sie kann damit einer ungeliebten Berufsausbildung aus dem Weg gehen?" Das Ergebnis dieser kleinen Überlegung ist niederschmetternd: Wir alle haben die Wert-Vorstellungen der letzten Jahrtausende übernommen: Sie beeinflussen unsere Gedanken und Gefühle so sehr, dass wir nicht in der Lage sind, unvoreingenommen, wertneutral und ohne Vorurteile zu sein.

Das Verhalten des Mädchens oder der Frau, das oder die schwanger wird, ist also nach unserer Überzeugung die Ursache für die Schwangerschaft. Und zwar, ohne dass wir die näheren Umstände kennen. Die Frau oder das Mädchen ist voll verantwortlich für ihre oder seine Schwangerschaft (Sie merken hier übrigens, dass merkwürdigerweise in der deutschen Sprache eine sehr junge Frau noch kein Geschlecht hat: Das Mädchen ist Neutrum, obwohl es schon Kinder gebären kann, wozu es ja nun unstreitig *seine* Weiblichkeit benötigt. Der Junge ist aber sehr wohl schon seit seiner Geburt männlich). Was ist denn meistens passiert, wenn eine 16-jährige junge Frau schwanger wird? Sie ist von einem Jungen angebettelt worden, war ein bisschen neugierig und hat sich überreden lassen. Frauen, die in so jungen Jahren aggressiv nach Sexualität mit einem Jungen suchen, sind sehr selten. Trotzdem ist die Frau nach allgemeiner Vorstellung allein verantwortlich. Sie hätte ja nein sagen können. Sie hätte ja ihre Neugier unterdrücken können. Sie hätte ja gegen alle schönen Worte (oh, was lassen sich Jungen alles Tolles einfallen, wenn sie etwas erreichen wollen!) immun sein können. Hätte sie. Das alles, nämlich ihren Verstand auch in einer neuen und aufregenden Situation über ihr Gefühl zu stellen, traut man einer jungen Frau zu. Einem Jungen traut man nicht viel zu: Er kann ja nichts für seine sexuellen Gefühle, der arme Kerl, und ist dann so überwältigt, dass es ihm nicht mehr zuzutrauen ist, an Verhütung zu denken. Trotzdem gilt in der unsrigen Gesellschaft der Mann als Verstandeswesen und die Frau als Gefühlswesen. Und dieser Widerspruch, der eindeutig zu Lasten der Frauen geht, weil sie immer noch viel zu oft nur dann als Verstandeswesen angesehen werden, wenn es zu ihrem Nachteil ist,

wird nahezu unreflektiert an jede neue Generation weitergegeben.

In einer aktuellen Umfrage haben 66% aller Deutschen
geantwortet, ein Mann sei moralisch nicht verpflichtet, sich
um sein Kind zu kümmern, wenn er gegen seinen Willen
zum Vater gemacht wurde! ! !¹³ Da fällt es schwer, sachlich
zu bleiben. Was heißt es eigentlich, einen Mann gegen seinen
Willen zum Vater zu machen? Ihn zum Geschlechtsverkehr
zu zwingen? Jeder Mann weiß doch, wo die Kinder herkommen. Und was heißt das im Umkehrschluss? Jede Frau,
die schwanger wird, wollte das auch so (denn sie ist ja 100%
moralisch verpflichtet, sich um ihren Nachwuchs zu kümmern)? Alle Kinder, die auf die Welt kommen, entspringen
allein dem Willen der Mutter (wo bleibt da die Biologie)? Das
arme, bemitleidenswerte Wesen namens Mann ist nicht in
der Lage, ein Kondom zu benutzen? Die Frau ist ein hinter-
hältiges Wesen, das ihren Sexualpartner belügt und ihm vor-
gaukelt, es wird schon nichts passieren – und der Mann als
ausgenutztes Wesen hat keine Möglichkeit der Kontrolle, ob
seine Sexualpartnerin auch die versprochenen Verhütungsmethoden angewandt hat? Nun nehme ich sogar in Kauf,
polemisch zu werden: Der Mann kann nicht „aufpassen". Er
ist evolutionsbiologisch nicht in der Lage, die Konsequenzen
aus seinem triebhaften Verhalten zu tragen, weil er zeitweise
so von seinen Gefühlen „übermannt" wird, dass sie per
Definition unkontrollierbar sind. Die Frau allerdings als
böswilliges Vernunftswesen begeht all ihre Taten geplant
und berechnend, weshalb man vor ihr sehr auf der Hut sein
muss.

---

¹³ Die Quelle dieser Umfrage ist mir leider nicht mehr präsent.
Jedoch halte ich das Ergebnis dieser Umfrage für so aussagekräftig,
dass ich mir erlaubt habe, es trotzdem anzuführen.

Nun wieder ernsthaft: Gegen eine Welt, in der den Frauen konsequent die größere Verstandeskompetenz zugesprochen wird, hätte ich nichts einzuwenden. Denn es wäre eine Welt, in welcher den Männern bewusst wäre, dass sie ihre Entscheidungen größtenteils aus einer Emotion und nicht aus dem Verstand heraus treffen. Eine Welt, in der man die großen Entscheidungen daher den Frauen überlässt, weil diese die Folgen ihres Handelns besser überblicken können und sich auch im Zeitpunkt der Entscheidung schon der Konsequenzen bewusst sind, also besser in der Lage sind, ihren Verstand über das Gefühl zu stellen, und sich nicht ausschließlich von ihren momentanen Gefühlen steuern zu lassen. Das Weiterdenken, liebe Leser, überlasse ich an dieser Stelle Ihnen. Im Moment befinden wir uns leider immer noch in einer Jahrtausende alten Schieflage.

Bislang habe ich den Begriff in meinen Ausführungen möglichst vermieden, aber er schwebt im Raum und ist Teil unserer Kulturgeschichte, also kann ich ihn nicht unkommentiert lassen: Die Schuld. In der Tradition der griechischen Kultur ist die Frau an allem schuld, wie die Büchse der Pandora beweist: Alle Sünden, alles Schlechte war sorgfältig verschlossen, bevor die Frau die Büchse geöffnet hat, und deshalb ist die Welt so schlecht, wie sie ist. Man lese nur die Schriften des Aristoteles, nach denen die Frau ein niederes Wesen ist, dem im Vergleich zum Mann etwas fehlt. Auch die altertümlichen Schreiber im Judentum waren bekanntlich der Ansicht, dass nur durch die Sünde der Eva, der Verführerin, alles Böse in die Welt gekommen ist. Dieses Weltbild hat sich bis heute im Kern erhalten, und zwar gar nicht so unterschwellig, wie man hoffen könnte, sondern noch sehr weit an der Oberfläche. Die Frauenbewegung ist verglichen mit dieser Tradition sehr, sehr jung. Bis heute konnte sie nicht in die notwendigen Tiefen vordringen, um etwas

Grundlegendes zu ändern. Bis heute wird in deutschen Kirchen von Evas Sündenfall gepredigt, ohne den dringend nötigen historisch-kritischen Abstand zu wahren. Das ist unverantwortlich! An dieser Stelle überlasse ich Ihnen, liebe Leser, das Weitersuchen nach Beispielen aus der Gegenwart, in denen der Spezies Frau die alleinige Schuld oder Verantwortlichkeit zugeschoben wird. Ich möchte meine männlichen Leser nicht vergraulen, bei denen sich eventuell bei diesem Thema die Scheuklappen hochstellen: Sie fühlen sich möglicherweise angegriffen und meinen, sie könnten doch nichts dafür. Stimmt ja auch: Man kann niemanden für die Geschichte verantwortlich machen, an der er nicht selbst aktiv mitgewirkt hat. Aber man kann jeden einzelnen Menschen (zur Vorsicht betone ich noch einmal: Männer und Frauen) dafür verantwortlich machen, wie er sich *heute* verhält. Die Art, wie ich über meine Mitarbeiterin denke oder über meinen Vater, wie ich mit meiner Nachbarin umgehe oder mit meiner Großmutter, wie ich mit meinem Sohn rede oder mit meiner Tochter, wie ich jungen Leuten im Kindergottesdienst oder in der Schule die Welt erkläre. Dafür bin ich voll verantwortlich. Wenn ich Ansichten oder Traditionen weitergebe, die eine Ungleichbehandlung oder diskriminierende Wertung der Geschlechter beinhalten, und die ich nicht selbst hinterfragt habe oder die ich sogar für falsch halte, dann habe ich „Schuld" daran, dass sich die Welt nicht zum Positiven entwickeln kann: zu einem in jeder Hinsicht würdevollen Miteinander.

Stellen wir uns nun noch drei einfache Fragen:

Frage 1: Was ist die Bestimmung der Frau?
Frage 2: Was ist die Natur der Frau?
Frage 3: Was ist das Schicksal der Frau?

Zu Frage 1: *Was ist die Bestimmung der Frau?*

Schauen wir uns zunächst das Wort „Bestimmung" in seiner Ursprungsbedeutung an. Unschwer zu erkennen steckt das Wort „Stimme" darin. Nun muss man wissen, dass unsere Sprache eine Sprache der Handlung ist, nicht eine Sprache des Geistes, was ich gern näher ausführe: Die Sprache ist dadurch entstanden, dass man etwas benennen wollte, was geschieht, also was man sehen kann. So lassen sich die meisten Worte zurückführen auf ein menschliches Tun, eine Körperbewegung (Beispiel: Kapazität kommt von capere = ergreifen, auf Deutsch: Fassungsvermögen kommt von fassen). Hilfreich ist es daher, sich den Kern jedes Wortes als Handlung beispielsweise in einer urzeitlichen, römischen oder mittelalterlichen Dorfversammlung vorzustellen. Die Sprache hat sich „einfach" aus Handlungen heraus entwickelt. Große geistige Bedeutungen oder Geheimnisse gibt es in der Sprache nicht (auch die „Bedeutung" ist nur ein Deuten mit dem Zeigefinger, und ein „Geheimnis" bleibt halt im Haus, im Heim, und wird nicht nach außen getragen)! Um jemanden zu „bestimmen", muss es jemanden geben, der etwas tut, und zwar die Stimme erheben: Die handelnde Person bestimmt eine andere Person, damit diese z.B. einen Brunnen baut oder eine Nachricht an das Nachbardorf überbringt. Die Beziehung zwischen der handelnden Person und der „bestimmten" Person ist dabei immer hierarchisch geprägt: Einen König kann man nicht zu etwas bestimmen. Die handelnde Person muss aber keineswegs eine Einzelperson sein: Man kann sich gut vorstellen, wie eine Dorfgemeinschaft gemeinsam die Stimme erhebt, um eine andere Person zu irgendetwas zu bewegen.

Was heißt es nun, die Frage zu stellen, was die Bestimmung der Frau sei? Einerseits muss man sich also fragen, *wer* da die

Stimme erhebt gegen die Frau, und andererseits muss man fragen, *wozu* die Frau denn bewegt werden soll. Es gibt also ein hierarchisches Verhältnis zwischen dem, der bestimmt, und der Frau, die sich in die Bestimmung fügen muss. Und schon sind wir an dem Punkt angelangt, an welchem man meiner Meinung nach nur noch feststellen kann, dass allein schon die Frage, was die Bestimmung der Frau sei, auf englisch gesagt „bullshit" ist. Denn sie impliziert, dass sie hierarchisch untergeordnet ist zu demjenigen (und sei es auch ein Kollektiv), der bestimmt. Und derjenige, der bestimmt, kann auch den Inhalt frei wählen, kann sich also frei ausdenken, zu was er die Frau bestimmen will, was sie also zu tun hat. Daraus folgt: Wer behauptet, die Bestimmung der Frau sei dies oder jenes, stellt sich damit auf eine höhere hierarchische Stufe, nämlich auf die des Bestimmenden. Jetzt ist also klar geworden, weshalb es so viele Antworten auf die Frage nach der Bestimmung der Frau gibt: Der Bestimmer kann frei wählen. Ob es die Lederherstellung aus Mammutfellen ist, die Kinderaufzucht, das Kochen am Elektroherd, die sexuelle Untergebenheit oder das Klo putzen: Jemand hat die Frau dazu bestimmt, das zu tun. Das stimmt!

Zu Frage 2: *Was ist die Natur der Frau?*

Diese Frage ist zur Abwechslung einmal einfach zu beantworten. Die Natur der Frau ist genauso, wie die Frau *ist*. Denn die Frau kann ja gar nicht anders, als in ihren natürlichen Grenzen zu agieren. Sie kann z.B. nicht ohne Hilfsmittel zum Mond fliegen. Alles, was sie tut, ist natürlich, denn sie tut es mit ihren natürlichen Möglichkeiten. Sicherheitshalber erwähne ich noch, dass auch die Denkfähigkeit, das in der Großhirnrinde angesiedelte Abstraktionsvermögen zur Natur der Frau gehört. Und wenn diese Denkfähigkeit der

Frau erlaubt, ein Kondom zu kaufen und dies ihrem Partner überzuziehen, dann liegt auch das in der Natur der Frau.

Zu Frage 3: *Was ist das Schicksal der Frau?*

Schicksal kommt von Schicksel, Schicksel kommt von Geschick, und gemeint ist das, was von Gott geschickt wird. So macht man sich das Leben natürlich einfach: Wenn alles, was passiert, auch von Gott gewollt, ja sogar veranlasst, also geschickt wurde, und man mit seinem Schicksal immer zufrieden sein muss, weil es ja von Gott kommt, dann haben die Menschen freie Hand. Dann können sie mit ihren Mitmenschen umgehen, wie sie wollen, denn wenn Gott das *nicht* gewollt hätte – so argumentieren sie – hätte er es ja nicht zugelassen. So gab es schon viele Schicksale durch von Menschen begangene Gräueltaten, für die sich die Täter nicht verantwortlich fühlten, weil sie meinten, Gottes Willen auszuführen. Fest steht: Die Menschen, die Macht haben und sich auf Gott berufen, haben das Schicksal von anderen Menschen in der Hand. Und darin steckt auch immer, dass man sich seinem Schicksal (also dem machthabenden Menschen) ergeben muss, dass man handlungsunfähig sein soll bzw. gemacht wird und sich darüber noch nicht einmal beschweren darf, denn es ist ja angeblich von Gott so gewollt. Das Schicksal der Frau ist also immer genau das, was die Menschen, die Macht über die Frau haben, wollen oder mit ihr tun. Das Schicksal der vergewaltigten Frau ist, vergewaltigt zu werden. Na prima. Deshalb sollte sie sich auch möglichst nicht wehren, sondern es still erleiden und sich auch hinterher bei niemandem darüber beschweren, am besten überhaupt gar nicht darüber reden. Es ist erst ein paar hundert Jahre her, da war es das Schicksal der Frau, in ihrer Hochzeitsnacht von dem machthabenden Fürsten vergewaltigt zu werden. Natürlich von Gott gewollt und abgesegnet.

Ich erspare es Ihnen und mir, weitere Beispiele für das Schicksal der Frau aufzuzählen. Es gibt zu viele, und es tut mir zu sehr weh, darüber zu schreiben.

Die Begriffe „Schicksal des Mannes" oder „Bestimmung des Mannes" werden übrigens selten benutzt, was uns nach der Lektüre der ersten Kapitel dieses Buches nicht mehr großartig wundern sollte. Als „Natur des Mannes" wird manchmal so etwas wie „Kriege führen" oder Aggressivität angeführt. Das ist natürlich ein großer Humbug, denn es ist nur ein kleiner Aspekt des Mann-Seins und noch dazu einer, der geändert werden kann – durch einen bewussteren Umgang mit den eigenen Gefühlen und die Ausbildung der Fähigkeit, sich von ihnen nicht völlig vereinnahmen zu lassen - und dringend geändert werden muss, um ein würdevolleres Miteinander auf der Welt zu erreichen.

Machen wir uns zum Abschluss dieses Kapitels über „Rollenbilder" noch kurz bewusst, dass das Wort Rolle von der Schrift-Rolle kommt, die einem Schauspieler von einem Regisseur übergeben wird. Daher wird eine Rolle immer, ähnlich wie die Bestimmung, von einem hierarchisch Höhergestellten zugewiesen. Da wir heute glücklicherweise nicht mehr in einer Standesgesellschaft leben, wählen wir unsere Rollen frei aus! Auch wenn wir alte Rollen wählen, haben wir eine - möglicherweise unbewusste - Wahl getroffen. Schauen wir uns also auf den folgenden Seiten an, was wir tatsächlich tun können bzw. dringend tun müssen, um ein eigenverantwortliches Leben zu führen und eine tatsächliche Gleichberechtigung von Frauen und Männern zu erreichen. Dies ist im übrigen die Grundvoraussetzung dafür, unseren Kindern das mit auf den Weg zu geben, was sie brauchen, um ihrerseits ein eigenverantwortliches Leben zu führen (nähere Ausführungen dazu finden Sie in den Kapiteln 10 und 11).

Wovon sich hauptsächlich Frauen verabschieden müssen:

1. von einem geringen Selbstwertgefühl: Für meine Lebensentscheidungen bin ich selbst verantwortlich. Ich selbst bin auch die Leidtragende, wenn Schwierigkeiten auf mich zukommen. Also bin ich auch die einzige, die im Ganzen beurteilen kann, was gut für mich ist. Und das strahle ich nach außen aus: Ich fühle mich wohl mit meiner Lebens-Situation, denn sie ist selbst gewählt. Zu meinem Selbstwergefühl gehört auch, dass ich nicht meinen Weg als den allein Richtigen darstelle, der für alle der beste wäre, dass ich nicht intolerant auftrete gegenüber Menschen, die ein anderes Leben leben als ich. Aber wenn mein momentanes Lebensmodell zur Sprache kommt, dann rede ich gern darüber und stelle seine Vorzüge heraus.

2. von den Denkstrukturen ihrer Mütter-Generation: Die heute älteren Frauen haben ohne Zweifel viel in ihrem Leben geleistet, haben enorme Schwierigkeiten gemeistert und ihren Kindern eine nach bestem Wissen gute Erziehung und viel Liebe mit auf den Weg gegeben. Das heißt aber nicht, dass wir, die nachfolgende Generation, es aus übertriebener Rücksichtnahme genauso machen müssen wie unsere Mütter: Dies ist ein Konflikt, den beide Generationen aushalten müssen: Bei den Älteren löst alles, was die junge Generation anders macht, Selbstzweifel aus, und um diese zu überdecken und nicht in Schuldgefühle zu verfallen, werden die eigenen veralteten Methoden weiterhin als das Wahre hingestellt („Hätte ich es damals auch anders machen sollen? Nein, aus meinen Kindern ist doch etwas geworden! Also habe ich alles richtig gemacht!").

Für unsere Mütter-Generation ist es eine große Herausforderung, selbstbewusst zu sagen: „Damals habe ich alles in meinen Möglichkeiten Stehende getan, und das war gut so. Heute haben sich das Leben und die Methoden weiter entwickelt, und das ist auch gut so." Gerade unsere Mütter-Generation hat oftmals - als Folge des Krieges - kein großes Selbstwertgefühl entwickeln können. Nehmen *wir* aber heute darauf übertrieben Rücksicht und organisieren unser Leben und erziehen unsere Kinder nach Modellen, hinter denen wir gar nicht stehen, werden wir erstens nicht glücklich werden und kann sich zweitens die Menschheit nicht weiter entwickeln. Dahingegen funktioniert der dritte Weg ganz wunderbar: Sich mit der eigenen Mutter auseinanderzusetzen, ihr das Gefühl zu geben, dass sie eine gute Mutter war und ist, und ihr deutlich zu machen, was sich in der heutigen Generation verändert hat und weshalb. Mit der Eifersucht bzw. dem Neid der älteren Mutter auf ihre eigene Tochter muss sie selbst umgehen lernen, das werden wir später bei unseren Kindern auch lernen müssen.

3. von dem Anspruchsdenken, das Bonbon der (Klein)- Kindererziehung ganz für uns allein haben zu wollen: Natürlich befriedigen kleine Kinder unser Bedürfnis nach Kuscheleinheiten, nach Liebesbeweisen, nach Geborgenheit, körperlicher Aktivität, körperlicher Ruhe u.s.w. Aber genau dasselbe Recht hat der Vater des Kindes auch! Und zwar zeitlich genauso viel wie die Mutter.

4. von dem Perfektionsdenken bei Haushaltstätigkeiten: Das kommt wahrscheinlich auch von unserer Mütter-Generation, dass der Wert der Frau danach bemessen wird, wie sauber ihre Wohnung geputzt

ist. Aber rein gesundheitlich ist es völlig unbedenklich, die Putztätigkeiten auf einen Bruchteil zu reduzieren. Dann entspricht die Wohnung auch eher dem oft geringeren Sauberkeitsbedürfnis des Mannes. Dem Mann macht putzen auch mehr Spaß, wenn nicht hinterher gemäkelt wird, er hätte es nicht ordentlich gemacht: Hat er doch! Aber eben nach seinem eigenen Anspruch, und der ist genauso in Ordnung!

Wovon sich hauptsächlich Männer verabschieden müssen:

1. von einem geringen Selbstwertgefühl: Für meine Lebensentscheidungen bin ich selbst verantwortlich. Ich selbst bin auch der Leidtragende, wenn Schwierigkeiten auf mich zukommen. Also bin ich auch der einzige, der im Ganzen beurteilen kann, was gut für mich ist. Und das strahle ich nach außen aus: Ich fühle mich wohl mit meiner Lebenssituation, denn sie ist selbst gewählt. Zu meinem Selbstwertgefühl gehört auch, dass ich nicht meinen Weg als den allein Richtigen darstelle, der für alle der beste wäre, dass ich nicht intolerant auftrete gegenüber Menschen, die ein anderes Leben leben als ich. Aber wenn mein momentanes Lebensmodell zur Sprache kommt, dann rede ich gern darüber und stelle seine Vorzüge heraus.

2. von den Denkstrukturen ihrer Väter-Generation: Nur weil ich von meinem Vater oder anderen älteren Männern oft nach meinem beruflichen Erfolg gefragt werde, heißt das noch nicht, dass dies auch das wichtigste in *meinem* Leben ist. Würde ich den Alten aber deutlich sagen, dass mir Freizeitaktivitäten, die Partnerin oder die eigene Selbst-

verwirklichung wichtiger sind, würde ich in meinem Gegenüber Unverständnis auslösen, denn in seinem Leben, also in seiner Wahrheit der Welt, ist der Beruf für den Mann nun einmal das Wichtigste. Also belasse ich es meist dabei, aus Höflichkeit und Respekt mit unserer Väter-Generation über berufliche Aufstiegsmöglichkeiten zu reden, die mich gar nicht interessieren. Besser ist es jedoch, den alten Herren noch einmal eine Erweiterung ihres Horizontes zuzumuten und selbstbewusst von den Themen zu sprechen, die mich wirklich interessieren in meinem Leben. Möglicherweise wird mir dann Verantwortungslosigkeit vorgeworfen, denn die alten Männer haben meist nicht gelernt, das auszusprechen, um das es wirklich geht: Sie sind neidisch, weil ihr eigenes Leben so von Zwängen bestimmt war und nun ihre eigenen Söhne solch große Freiheiten haben. Aber anstatt dass sie sich diesen Neid bewusst machen, stellen die alten Herren, um vor sich selbst nicht das Gesicht zu verlieren, ihr eigenes Handeln im Leben oft als das einzig Wahre dar. Und somit bekomme ich als Sohn Druck und den Vorwurf, ich hätte die Härte des Lebens noch nicht verstanden. Damit muss ich umgehen, und das erfordert ein großes Selbstvertrauen.

3. von der Gewissheit, dass Frauen vieles besser können als sie: Zum Beispiel mit Kleinkindern umgehen, über Gefühle reden oder eine Waschmaschine bedienen. Dabei gibt es keinen geheimen Urinstinkt, den nur Frauen haben. Wie alles im Leben sind auch diese Dinge reine Übungssache: Wer nie ein Baby gewickelt hat, kann es auch nicht; eine junge Mutter muss das genauso lange üben wie ein junger Vater.

4. „An die deutsche Frau!

Es gibt im Leben der Frau wohl keinen Zeitabschnitt, der in seiner Eigenart verglichen werden könnte mit den Monaten, in denen sie ihr erstes Kind erwartet, und kein seelisches oder körperliches Erlebnis ist ähnlich bedeutungsvoll wie dessen Geburt. […] Wie von unsichtbarer Hand hinweggeräumt versinken alle künstlichen Schranken, die zwischen den Frauen errichtet sind durch Brauch und Herkommen, durch Kastengeist und Standesdünkel oder Unverstand und Eigenliebe. In den Monaten der Schwangerschaft, am entscheidenden Tag der Geburt, eint alle Frauen das gleiche große Ziel. Dabei ist es einerlei, ob die Hausfrau oder die berufstätige Frau einem Kinde das Leben geben soll, und es besteht kein Unterschied mehr zwischen arm und reich, Städterin oder Bäuerin, Arbeiterin oder Bürgerin. Das gewaltige Naturgeschehen erfaßt die kräftige und mutigbejahende Frau ebenso wie die schwächliche und ängstlich zweifelnde. Das werdende Leben fragt nicht danach, ob die Frau in Ehe und Häuslichkeit wohlbehütet ist oder außerhalb der Ehe und herkömmlichen Ordnung schwer zu kämpfen hat. […] Die große und immer wieder beglückende Kameradschaft der Mütter – sie ist da! Wenn früher andere Frauen gleichgültig an Euch vorübergingen, so begegnet Ihr nun plötzlich, kaum daß man Euch die Erwartung eines Kindes anmerkt, auch bei Fernstehenden oder ganz Unbekannten einer beglückenden Anteilnahme und Freundlichkeit. Rat und Hilfe, Beistand und Belehrung werden Euch von allen Seiten angeboten. Gute und brauchbare Anweisungen wechseln in bunter Folge ab mit veralteten, ja aus Aberglauben und Irrtümern herstammenden Meinungen. Verwirrt steht Ihr da, unfähig zu entscheiden, was gut, was schlecht ist. Unsicherheit entsteht um so eher, je mehr verschiedene Ratgeberinnen Ihr anhört. Und mitten in der beglückenden Vorfreude auf das

Kind entdeckt Ihr plötzlich, daß das kommende Erste ja eine ganze Reihe ungewohnter Anforderungen an Euch stellen wird. So viele, scheinbar kleine und nebensächliche Dinge müssen bedacht und manches muß vorbereitet werden, das Euch noch gar nicht eingefallen ist und an das Ihr früher hättet denken sollen. Und unter all diese Überlegungen mischt sich die ängstliche Frage danach, was denn nun geschieht im eigenen Körper, wie es zugeht, daß das Kind so geheimnisvoll wächst, was zu tun wäre, um die Zeit der Schwangerschaft möglichst gut und für Euch selbst und Euer Kind zweckmäßig zu verbringen, was für die Zeit nachher alles zu bedenken ist. […]

Der Geburtenrückgang in Deutschland hatte […] bedrohliche Ausmaße angenommen: Im Jahre 1901 hatte die Zahl der lebendgeborenen Kinder 2.032.000 betragen, im Jahre 1932 noch 957.000, also weniger als die Hälfte! Diesen ungeheuerlichen Verfall an Volkskraft verursachte nicht wirtschaftliches Elend allein, wie drückend und bitter es auch gewesen sein mag, nicht nur der Zwang zur Berufsarbeit der Frauen oder der Wohnungsmangel – das lehren überzeugend entsprechende Zahlen aus anderen Ländern, in denen keine Not herrschte. Nein, eine kinderfeindliche Weltanschauung war die Ursache. Es fehlte der Wille und der Mut zum Kind […]. Die öffentliche Meinung der jüngst vergangenen Zeit bestärkte die Frauenwelt noch nach Kräften in dieser völlig unnatürlichen Einstellung. Was konnte eine Mutter mehrerer Kinder da nicht alles hören an halb unwillkürlichen Äußerungen […]. Im Jahre 1934 […] betrug die Zahl der lebendgeborenen Kinder 1.198.000, war also das erstemal seit ihrem unaufhaltsamen Absinken um die Jahrhundertwende wieder gestiegen! Sie erhöhte sich bis zum Jahr 1937 auf 1.275.000. […] Noch aber ist die riesenhafte Gefahr des Volkstodes, die der Geburtensturz der letzten Jahrzehnte für uns bedeutet, nicht endgültig gebannt, noch immer liegt es

60

bei den deutschen Frauen, sie wirksam zu bekämpfen. Der Anstieg unserer Geburtenzahl, so erfreulich er ist, darf uns nicht hindern, die Wirklichkeit klar zu sehen. Soll nur der gegenwärtige Bestand unseres Volkes erhalten bleiben, so müssen wir eine Geburtenzahl von 1.400.000 jährlich erreichen. Das heißt: Die Ehen müssen wieder kinderreicher werden! […] Deutschland, heute noch vergreist und überaltert, kann nur dann wieder ein kinderreiches Land der Jugend werden, wenn aus jeder Ehe vier Kinder hervorgehen. Die Zeit der Zwei-, Ein- und Keinkindehe muß überwunden werden um jeden Preis! […]

Durch dieses Gesetz wird in Zukunft verhütet werden, daß die erbkranken Teile des Volkes sich wie bisher ungehemmt, ja gerade besonders stark fortpflanzen können und kranke, krüppelhafte Kinder in die Welt setzen, für deren Unterhalt zeitlebens die gesunde, arbeitende Bevölkerung aufkommen muß. Denn gerade die erbkranken, geistig minderwertigen Familien weisen durchschnittlich eine doppelt so große Kinderzahl auf wie die erbgesunden, geistig vollwertigen! Wir haben zur Zeit in Deutschland rund 2 Millionen Menschen, die erblich mehr oder weniger schwer belastet sind. Die Volksgemeinschaft muß für sie jährlich über eine Milliarde Mark aufbringen, davon für die Anstaltsbehandlung der Schwerbelasteten allein 112 Millionen Mark. Um klar zu machen, was dieser Betrag für den Staatshaushalt bedeutet, sei vergleichsweise nur erwähnt, daß diese Summe mehr als halbmal so groß ist wie der Gesamtaufwand für sämtliche öffentliche Volks- und Fortbildungsschulen! Welche Aussichten öffnen sich unserem Volke für die Zukunft, wenn solche Riesensummen der Förderung von Ehe und Familie, von gesundem und wertvollem Nachwuchs dienen werden!"[14]

---

[14] Die Quelle dieses Zitates wird aus dramaturgischen Gründen im weiteren Verlauf dieses Kapitels im laufenden Text angegeben.

Nähern wir uns diesem langen Zitat ganz behutsam, ohne schon seine Herkunft zu verraten: Es besteht aus drei Absätzen, die aufeinander aufbauen. Im ersten Absatz wird die Leserin direkt angesprochen. Ihr wird suggeriert, sie sei wichtig und wertvoll und werde, sobald sie ihr erstes Kind geboren haben wird, in die Kameradschaft der Mütter aufgenommen. Mutterschaft wird als etwas Bedeutungsvolles dargestellt. Dies ist für die Leserin und potentielle zukünftige Mutter sehr schmeichelhaft, es erhöht ihr Selbstwertgefühl. Aus diesen Worten kann man entweder echte Wertschätzung herauslesen, oder man entlarvt sie als psychologisches Mittel: Indem man Lob und Verständnis an den Anfang einer Ansprache stellt, erreicht man die Zuhörer und macht sie gefügig für die folgenden Forderungen. Doch selbst wenn man dieses Manipulationsmittel durchschaut: Es wirkt trotzdem. Ich als Frau fühle mich angesprochen und wertgeschätzt. Im zweiten Absatz wird die Notwendigkeit, mehr Kinder zu bekommen, mit Zahlen und Kraftausdrücken belegt wie „ungeheuerlicher Verfall an Volkskraft" und „riesenhafte Gefahr des Volkstodes". Da die Leserin den ersten Absatz noch gut in Erinnerung hat, wird sie innerlich ergänzen: „Und ich kann etwas dagegen tun! Ich habe eine sinnvolle und wichtige Aufgabe!" Nach dieser Vorarbeit kann man der Leserin im dritten Absatz alles verkaufen, sie frisst der Autorin quasi aus der Hand. Da wird der Leserin so nebenbei vermittelt, dass sie selbst „geistig vollwertig" sei (was ihr wieder schmeichelt), und sie bitte Verständnis haben soll dafür, dass „geistig minderwertige" Familien nicht zum Bevölkerungszuwachs beitragen sollten. Bevor ich nun einen Vergleich zur heutigen Zeit anstelle, empfehle ich Ihnen, das Zitat noch einmal zu lesen.

Eine Ansprache an Frauen, wie sie der erste Absatz vollführt, sucht man heute vergeblich. Nicht einmal mehr zu Manipulationszwecken wird potentiellen Müttern öffentlich Wertschätzung entgegengebracht, ehrlich und aufrichtig ohne Hintergedanken schon einmal überhaupt gar nicht. Zum zweiten Absatz ist zu sagen, dass im Jahr 2007 die Zahl der Lebendgeburten in Deutschland bei ca. 685.000 lag. Seit Einführung des Elterngeldes am 1.1.2007 sinkt sie nicht weiter, sie steigt aber nur minimal. Am Ergiebigsten ist der Vergleich des dritten Absatzes mit der heutigen Zeit: Seit 1995 gilt das Schwangeren- und Familienhilfeänderungsgesetz (SFHÄndG), das besagt, dass Schwangerschaftsabbrüche, die getätigt werden, „um eine Gefahr für das Leben oder die Gefahr einer schwerwiegenden Beeinträchtigung des körperlichen oder seelischen Gesundheitszustandes der Schwangeren abzuwenden“, straffrei sind, und zwar ohne Frist. Vor 1995 war Straffreiheit nur bei einem Abbruch bis zur 22. Schwangerschaftswoche gewährleistet, nun wurde die Frist gestrichen. Auf den ersten Blick meint man, das sei ein wichtiges und Frauen wertschätzendes Gesetz, denn wenn es um Leben und Tod für die Mutter geht, sollte man lieber die Mutter retten als das Kind. Die Mehrzahl der über 3.000 jährlich in Deutschland aufgrund dieses Gesetzes stattfindenden Schwangerschaftsabbrüche ist jedoch *nicht* auf eine körperliche Gefahr für die Mutter zurückzuführen sondern auf eine mögliche Beeinträchtigung ihres *seelischen* Gesundheitszustandes, die man als gegeben voraussetzt, wenn bei dem Fötus im Mutterleib eine organische oder genetische Schädigung festgestellt wurde. Diese so genannte Pränataldiagnostik (prä= vor, natal= geburtlich) ist eine sehr junge Erfindung, die erst durch die Genforschung ermöglicht wurde, und erst in einem fortgeschrittenen Stadium der Schwangerschaft angewandt werden kann. Frauen müssen sich dann entscheiden, ob sie dieser

Untersuchung zustimmen, und meist tun sie dies, denn der Arzt möchte ja nur „sichergehen, dass mit dem Baby alles in Ordnung ist". Auf die Möglichkeit, dass nicht alles in Ordnung sein könnte, ist die Frau meist nur unzureichend vorbereitet. Hinzu kommt, dass es beim heutigen Stande der Medizin weder möglich ist, konkrete Voraussagen für eine spätere Behinderung des Kindes zu treffen, noch, Fehldiagnosen auszuschließen. So kann ein Arzt schon bei einem Risiko von 10% für eine spätere Behinderung des Kindes der Frau zu einem Schwangerschaftsabbruch raten und ihn straffrei durchführen. Dies geschieht, wie schon erwähnt, meist in einem späten Stadium der Schwangerschaft, da viele Untersuchungen in der Frühschwangerschaft noch nicht möglich sind. Und da wir alle wissen, dass heutzutage in den Kinderkliniken selbst extreme Frühchen von unter 500g Geburtsgewicht überleben können, fragen wir uns natürlich, warum die spät-abgetriebenen Babys, die meist viel mehr wiegen als 500g, denn nicht überleben. Dies ist tatsächlich vorgekommen und hat die Ärzte in ein großes Dilemma gestürzt, denn sobald ein Kind lebend geboren worden ist, müssen sich Ärzte ihrem Berufseid gemäß um Lebenserhaltungsmaßnahmen kümmern. Damit die Babys also auf keinen Fall lebend auf die Welt kommen, tötet man sie heute schon im Mutterleib. Die Tötungsmethode ist für diese Fälle nicht gesetzlich geregelt. Fassen wir zusammen: ca. 200 bis 300 voll entwickelte, lebensfähige und wahrscheinlich in 50% der Fälle kerngesunde Babys[15] werden pro Jahr in Deutschland legal im Mutterleib getötet, um der Frau eine „schwerwiegende Beeinträchtigung ihres seelischen Gesundheitszustandes" zu ersparen. Ich sage nicht, dass es einfach ist, ein behindertes Kind aufzuziehen. Ich sage aber, dass man es sich zu einfach macht, wenn man der Frau unterstellt, sie

---

[15] im Jahr 2007 waren es lt. Deutscher Presseagentur 229

hätte damit ein seelisches Problem. Und ob die Frau später ein seelisches Problem damit hat, ihre Einwilligung zur Tötung ihres Kindes gegeben zu haben (denn die Ärzte sind ja von jeder Verantwortung freigesprochen, da sie „nur" den Mutter-Willen ausführen, der aber ganz entscheidend davon abhängt, welche Meinung der Arzt ihres Vertrauens hat und ihr vermittelt), das wird nicht näher verfolgt, und dazu gibt es so gut wie keine Hilfsangebote. Wer einmal ein glückliches behindertes Kind gesehen hat, kriegt bei dieser Rechtslage und ärztlichen Berufsethik das Grausen. Heute verlegen wir die Tötung von möglicherweise „genetisch krankem" Leben auf einen Zeitpunkt, zu dem es noch keiner sieht, weil es so schön dunkel ist im Mutterleib. Das in unserer Verfassung verankerte Verbot der Benachteiligung behinderter Menschen jedenfalls scheint im Mutterleib noch nicht zu gelten. Deshalb muss die Tötung auch vor der künstlich eingeleiteten und schmerzvollen Geburt von Statten gehen. Und das seelische Problem hat ganz allein die Mutter – ihr Leben lang. Frauen schweigen gern in der Öffentlichkeit, wenn sie sich mitschuldig fühlen…

Wir befinden uns heute in Deutschland ganz eindeutig auf dem Weg zu „Eugenik", also dem Bestreben, möglichst nur Kinder mit gesundem Erbgut ins Leben zu entlassen. Dieses Bestreben ist so alt wie die Genetik selbst, begann also am Ende des 19. Jahrhunderts. Nun kann man sich aber irren in den Annahmen, welche Krankheiten und Behinderungen genetisch bedingt sind. Ich möchte keinem Arzt in keiner Epoche, in keinem Jahrhundert etwas vorwerfen: Seit tausenden von Jahren tun Ärzte alles, was in ihrer Macht steht und dem aktuellen Forschungsstand entspricht, um Leid und Krankheit von den Menschen fernzuhalten. Aber der Forschungsstand ändert sich nun einmal täglich. Heute schauen wir belustigt oder mit Grauen auf die Ärzte im

Mittelalter, die beispielsweise versucht haben, schwerkranken Menschen mit einem Aderlass zu helfen (ihnen also eine große Menge Blut abzunehmen) oder Wunden durch Ausbrennen zu heilen, aber in vielen Fällen hat es damals tatsächlich funktioniert. Die Medizin ist eine empirische Wissenschaft: Will heißen, sie forscht durch Versuche. Operationsmethoden und Medikamente werden ausprobiert, und wenn sie weit mehr Menschen helfen als schaden, dann gelten sie als wirksam. Für den in der Zukunft liegenden Einzelfall kann der Arzt keine Aussage treffen: Ob ein Medikament bei *mir* wirkt, nicht wirkt oder eine schlimme Allergie oder Folgeerkrankung auslöst, kann ich erst wissen, nachdem ich es ausprobiert habe. Ich wiederhole noch einmal: Ich mache den Ärzten keinen Vorwurf. Denn sie versuchen ja das, was in ihrer Macht steht, um Menschen zu helfen. Leider ist aber diejenige Ansicht weit verbreitet, die den Ärzten eine viel größere Macht zuspricht, als sie tatsächlich haben. Ärzte wägen bei der Wahl des geeigneten Heilmittels stets ab, wie viel wahrscheinlicher Nutzen und wie viel Risiko dabei ist. Dabei können sie nicht anders, als nach der Statistik zu gehen, also danach, wie es bei anderen Menschen gewesen ist. Aber die Statistik – das weiß jeder Mathematiker – hat keinerlei Aussagewert für den Einzelfall. Und so wird mir als werdende Mutter niemand sagen können, ob mein Kind, wenn es eine Trisomie 21 (Down-Syndrom) hat, schwer und mehrfach oder nur leicht behindert sein wird, ob es ein glückliches Leben wird führen können, einer Arbeit nachgehen und eine Partnerschaft aufbauen, oder nicht. Bei anderen genetischen „Defekten“, die viel weniger erforscht sind, weiß man das erst recht nicht. Und wenn mir mein Arzt sagt, mein Kind wird zu 10% Wahrscheinlichkeit behindert sein, dann heißt das auch, zu 90% wird es nicht behindert sein. Aber Wahrscheinlichkeiten kann man sich – wie schon angedeutet – nicht vorstellen, weil sie nichts, aber auch gar nichts über den Einzelfall sagen können. Wenn ich zum Beispiel beim Lotto eine 90%ige Gewinnchance hätte, oh, da würde ich aber sofort viel Geld setzen, das sind gefühlt ja fast 100!

Das stärkste heute verwendete Argument für die Pränataldiagnostik und damit verbunden auch für die so genannten Spätabbrüche ist übrigens das gesundheitsökonomische: Die Folgekosten sind in Zeiten der notwendigen Kostenreduktion im Gesundheitswesen schlicht nicht tragbar. Zum Vergleich schauen Sie sich an dieser Stelle bitte noch einmal das Ende des Eingangszitates dieses Kapitels auf Seite 61 an. Was ich auch nicht ahnte, bevor ich anfing, dieses Buch zu schreiben: Wir sind in viel mehr wesentlichen Gesellschaftsbereichen noch antiquierten Vorstellungen verhaftet, als uns lieb ist. Obwohl wir es gern verdrängen: Unsere Geschichte ist Teil von uns, und wir sollten uns stets wieder bewusst machen, welche überholten Mechanismen immer noch Teil unserer heutigen Gesellschaft sind. Das Gesetz, von dem im Eingangszitat dieses Kapitels die Rede ist, ist übrigens das „Gesetz zur Verhütung erbkranken Nachwuchses", das eine Zwangs-Sterilisation anordnete für Menschen mit „angeborenem Schwachsinn, bestimmten erblichen Geisteskrankheiten, mit erblicher Fallsucht (Epilepsie), erblichen, unheilbarem Veitstanz (der nichts mit dem bei Jugendlichen im Verlauf eines Gelenkrheumatismus oder während der Schwangerschaft vorkommenden heilbaren Veitstanz zu tun hat!), Menschen mit schweren erblichen Missbildungen des Körpers, mit erblicher Blindheit und Taubheit, schwerem erblichen Alkoholmissbrauch, wenn er mit geistiger und seelischer Minderwertigkeit verbunden ist" (aus: „Die deutsche Mutter und ihr erstes Kind" von Dr. Johanna Haarer, I.F. Lehmanns Verlag München/Berlin 1939, Auflage 161.-190. Tausend, S. 30).

Wie Sie sich nun möglicherweise schon gedacht haben, stammt auch das gesamte Eingangszitat dieses Kapitels „An die deutsche Frau" aus diesem Buch.[16] Es ist also eine Originalschrift aus dem Nazi-Reich. Damit dies nicht sofort erkennbar ist, habe ich einige Passagen weggelassen und mit „[…]" gekennzeichnet. Damit wollte ich den heutigen Lesern die Möglichkeit geben, sich selbst ein Bild zu machen und einen Vergleich zur heutigen Zeit anzustellen. Ab welcher Textstelle haben Sie erkannt, dass es sich um ein Buch aus dem Dritten Reich handelt? Die Erkenntnis, dass wir uns nicht so weit von der damaligen Zeit entfernt haben, wie wir selbstverständlich meinen, macht betroffen. Auch die Ärzte in den 1930er Jahren waren ihrem Berufseid verpflichtet und wollten nur das Beste für die Menschen. Dass Schwachsinn, Blindheit, Taubheit und Alkoholmissbrauch nicht angeboren sind, wissen wir heute und können die damaligen Forscher verlachen oder mit Grauen beschuldigen. Aber das nützt niemandem etwas, weder den damaligen Opfern noch den heute lebenden Menschen. Was wirklich helfen würde, wäre eine kritische Reflektion der heutigen medizinischen Methoden durch Ärzte und Wissenschaftler selbst. Es entspricht zwar nicht dem Sicherheitsbedürfnis des Patienten, der zum Arzt geht und klare, sichere, allgemein und bis in alle Ewigkeit gültige Antworten für seinen eigenen Körper haben möchte, aber es ist die Wahrheit: Alle heutigen medizinischen Erkenntnisse beruhen auf Statistiken und Wahrscheinlichkeiten, und alle in die Zukunft gerichteten Aussagen stellen nur Möglichkeiten dar. Im Endeffekt ist – obwohl er es nicht möchte und sich damit total überfordert fühlt – jeder Mensch selbst für seinen Körper und die damit verbundenen Entscheidungen verantwortlich.

---

[16] im Original auf S. 5-6, 8-9, 30-31

Zur Vervollständigung meines Vergleiches des Buches von 1939 mit der heutigen Zeit möchte ich noch ergänzen, welch ein Frauenbild damals vorherrschte und welche Rolle die Mutter in der damaligen Ideologie spielte. Anfang der 1930er Jahre war die Emanzipation der Frauen auf einem guten Weg. Frauen hatten vermehrt Zugang zu höherer Bildung und übten die unterschiedlichsten Berufe aus. Dies passte nicht zu einer Ideologie, die auf Expansion und Welteroberung aus war: Man brauchte viele Kinder, nicht nur als spätere Soldaten, sondern hauptsächlich, damit sich das deutsche Volk ausbreiten und neue Siedlungsräume werde erschließen können. Um die Frauen zum Kinder kriegen zu bewegen, fuhr das NS-Regime mehrgleisig: Allein die ideologische Aufwertung der Mutterschaft hätte nicht ausgereicht. Hinzu kamen Berufsverbote für Frauen und Änderungen im Steuerrecht, die dazu führten, dass sich Geld verdienen für verheiratete Frauen nicht mehr lohnte (dies wird in Kapitel 6 noch näher ausgeführt). Ohne diese Maßnahmen wäre – trotz der Schaffung vieler Arbeitsplätze in der Rüstungsindustrie dank zahlungskräftiger Kreditgeber aus Übersee - die Vollbeschäftigung, der wir heute immer noch hinterhertrauern, niemals erreicht worden. Klar: Wenn Frauen plötzlich komplett aus der Arbeitsplatz-Statistik herausfallen, sind mehr Arbeitsplätze für Männer da.

Dem Bild der Frau als reine Kinderaufzucht-Station trauert heute niemand mehr ernsthaft hinterher, genauso wenig wie der Propaganda einer „Kameradschaft der Mütter". Aber warum sollte es nicht möglich sein, Müttern eine echte angemessene Wertschätzung für ihre Arbeit als Mütter entgegen zu bringen???

5. Die Ehe

Die Ehe ist eine sehr alte Institution. Machen wir uns kurz bewusst, wie die Menschen in Urzeiten zusammenlebten: Im Rudel als Überlebens-Gemeinschaft. Jeder gab sein Möglichstes, um zum Überleben des Rudels beizutragen, die Stärksten oder Schlauesten waren die Leit-Menschen, weil es dem gesamten Rudel einen Vorteil brachte, sich an ihnen zu orientieren. Es ist klar, dass die Stärksten oder Schlausten Männer und Frauen gleichzeitig die begehrtesten Sexualpartner waren: Gutes Aussehen im Sinne von muskulösem Körper, Erfolg beim Jagen oder Intelligenz und Geschick bei der Zubereitung von Nahrung waren sexy. Man orientierte sich an denen, die etwas konnten, und nach einer Jagd war der verschwitzte Männerkörper sexuell besonders anziehend. Kurz und gut: Die „Besten" unter den Männern und die „Besten" unter den Frauen waren die sexuell Begehrtesten. Soweit kann man der Evolutionsbiologie getrost folgen, denn daran hat sich bis heute nicht viel geändert: Wer seinen Körper fit hält, sich selbstbewusst präsentiert und herausragende Fähigkeiten besitzt, ist sexuell attraktiver als andere. Wenn wir uns vorstellen wollen, wie es in einem Rudel Urmenschen in etwa zuging, können wir getrost eine Horde Schimpansen im Zoo beobachten: Es gibt ein Leit-Männchen, welches das Stärkste und der Beschützer der ganzen Horde ist und das alleinige Recht zum sexuellen Verkehr mit allen Weibchen der Horde hat. Die Weibchen werden nicht unterdrückt, sondern können sich aufgrund der Beschützung des Männchens sorglos bewegen, fressen und mit ihren Kindern spielen. Wenn sie Lust haben, begeben sie sich in die Nähe des Paschas und werden begattet. Aber wenn sie weglaufen und sich einen anderen Beschützer suchen (weil sie sich bei dem alten nicht mehr sicher fühlen), werden sie vom Leit-Männchen nicht davon abgehalten. Die

„übrigen" Männchen ordnen sich entweder unter, ohne sexuell aktiv zu sein, oder sie ziehen in Junggesellen-Rotten umher, auf der Suche nach einer Horde, die sie überfallen können,in welcher der Pascha nicht mehr stark genug ist und ihn einer der jungen Männchen eventuell ablösen kann. Es ist ein großes Rätsel, wie aus dieser Ausgangssituation das 1:1-Verhältnis Ehe entstanden ist. Da jede Forschung in diesem Bereich eine rein spekulative ist (wie ich bereits in der Einleitung ausgeführt habe), möchte ich mich hier mit meiner eigenen Theorie an den Spekulationen beteiligen:

Es ist schwer vorstellbar, dass die Leit-Männchen den Junggesellen aus Mitleid oder Verständnis Weibchen „zugeteilt" haben. Zumal die Weibchen sich ja freiwillig einem Leit-Männchen zugeordnet haben und wohl nicht damit einverstanden gewesen wären, von einem rangniedrigeren und damit sexuell weniger attraktiven Männchen begattet zu werden. An dieser Stelle ist anzumerken, dass nirgendwo im Tierreich Weibchen von ihren männlichen Artgenossen vergewaltigt werden. Die Weibchen entscheiden stets, ob sie den Geschlechtsverkehr „erdulden" oder nicht: Wenn sie nicht wollen, laufen sie einfach weg oder legen sich so hin, dass das Männchen nichts ausrichten kann. Auch ein einzelner männlicher Mensch kann eine Frau nicht allein durch seine Körperkraft vergewaltigen. Er kann es nur mit Hilfe von Waffen und/oder mit Hilfe von einer verbalen Androhung, welche die Frau so in Angst und Schrecken versetzt, dass sie gelähmt ist und ihre natürliche Abwehr-Verteidigung nicht praktiziert. Der Zwang zum Geschlechtsverkehr kann also kulturgeschichtlich erst eingesetzt haben, als Waffen entwickelt worden waren und/oder es Androhungen von Strafen gegeben hat, die später vom gesellschaftlichen Kollektiv oder dem Rudel-Chef ausgeführt wurden. Die Erfindung von Waffen war, wie man sich unschwer vorstellen

kann, auch notwendige Voraussetzung dafür, dass Junggesellen-Rotten gemeinsam einem Rudel-Chef zu Leibe
rücken konnten. Somit ging die Zeit vorbei, in der ausschließlich „Mann-gegen-Mann" gekämpft wurde. So
bedrängt wird dem Ranghöchsten schließlich nichts anderes
übrig geblieben sein, als Quasi-Gesetze zu schaffen, die den
Junggesellen erlaubten, sexuell aktiv zu sein, sie aber
gleichzeitig verpflichteten, sich weiterhin dem Pascha unterzuordnen. Damit war die Voraussetzung für die Institution
„Ehe" geschaffen, die von Anfang an mit einer Reglementierung der weiblichen Sexualität einher ging: Die Wahl des
sexuell attraktivsten Ranghöchsten als Sexualpartner wurde
ihr genommen und ihr statt dessen ein rangniedrigerer Partner zugeteilt. Dies war eine Verbesserung für die ehemaligen
Junggesellen, aber eine Verschlechterung für die Frauen und
der Beginn ihrer Unterdrückung. Die Ehe musste, nach
dieser Theorie, von Anfang an mit Zustimmung des Ranghöchsten geschlossen werden, der sich sicherlich die endgültige Entscheidung über die Zuordnung der Weibchen
vorbehielt und wahrscheinlich seine „Lieblingsfrauen" für
sich selbst behielt, die kein anderer anrühren durfte. Die
rangniedrigeren Frauen, die nun verheiratet waren, fanden
sich von nun an in einer *zweistufigen Unterdrückung* wieder: Auf
der ersten Stufe waren sie ihrem Ehemann verpflichtet, auf
der zweiten Stufe auch noch dem „Sippenvorsteher". Die
neuen Ehemänner wurden hingegen „nur" einstufig unterdrückt.

Die Ehe war – und ist bis heute – eine Institution, die Ord-
nung schaffen soll: wenn jeder Mann eine ihm zugewiesene
Sexualpartnerin hat, gibt es nicht so viele Rivalitäts- oder
Frustrationskämpfe, als wenn eine chaotische und ungeord-
nete Auswahl von temporären Sexualpartner(inne)n ohne
Oberaufsicht eines Ranghöchsten stattfinden würde. In allen

frühen Hochkulturen gab es die Ehe: In Athen, im Judentum, in Ägypten, später im römischen Reich. Sie diente zum einen der Kontrollierbarkeit durch die Obrigkeit im Sinne einer Ordnung innerhalb der Dörfer und Städte und zum anderen der materiellen Sicherheit der Ehepartner. Zum Eherecht gehörte die Pflicht des Ehemannes, die weitreichenden Entscheidungen für die Familie zu treffen und den Lebensunterhalt der Familie zu verdienen, die Pflicht der Ehefrau, sich in dem ihr zugewiesenen Rahmen um den Haushalt zu kümmern und die gegenseitige Pflicht zum „Beischlaf". Das heißt aber nicht, dass die sexuellen Aktivitäten des Ehemannes auf seine Ehefrau beschränkt war: Aus dem antiken Griechenland ist beispielsweise bekannt, dass Homosexualität unter Männern zur Normalität gehörte (auf Feldzügen hatte man einen „Knappen" dabei, der unter anderem auch diesem Zweck dienen konnte). Im alten Rom gab es öffentliche Badehäuser, in welche die Männer nicht nur zum baden gingen. Dies stand in keinem Widerspruch zur Ehe. Für Frauen galt aber wie eh und je eine sexuelle Treuepflicht zu ihrem Ehemann.

Dass Sexualität außerhalb der Ehe auch für den Ehemann verpönt wurde, bildete sich erst mit zunehmendem Einfluss der christlichen Kirche heraus. Plötzlich wurde mit einer höheren Moral argumentiert, und es gab angeblich jemanden, der „alles sieht" und am Lebensende mit jedem Menschen abrechnen wird. So wurde man gezwungen, in der Beichte dem Pfarrer alle Sünden zu erzählen. Dies war ein effektvolles Mittel für die Kirchenväter, um für noch mehr Ordnung in der Bevölkerung zu sorgen. Mit den Lehren des Jesus von Nazareth hat dieses Gebot der sexuellen Enthaltsamkeit (mit Ausnahme des Kinder zeugens in der Ehe) jedenfalls wenig zu tun. Er selbst plädiert sogar dafür, die Ehebrecherin nicht zu bestrafen…

In der Antike war die Ehe ein Vertrag, der zwischen dem Vater der Braut und dem Vater des Bräutigams abgeschlossen wurde. Dem „pater familias" – dem Hausherren nach römischem Recht, welches in ganz Europa weitgehend übernommen wurde – oblag die Entscheidungsbefugnis über das weitere Schicksal seiner Kinder. Bis in die frühe Neuzeit hinein hat sich daran nicht viel geändert. Ein Beispiel aus dem Jahr 1595 in Hildesheim:[17] Das Vermögen des 20jährigen Joachim Oppermann, dessen Vater vor langer Zeit starb, wird von seinen Vormündern (einem Onkel und zwei weiteren männlichen Verwandten) betreut. Eben diese Vormünder schließen mit dem Vater der zukünftigen Braut den Verlobungsvertrag. Am Tag der Hochzeit zieht das Ehepaar in das gemeinsame Haus ein, und erst, als das erste Kind geboren und getauft ist, gilt der junge Familienvater als Bürger, darf an einer Bürgerversammlung teilnehmen und ein öffentliches Amt in einer Handwerker-Innung bekleiden. Danach erst wird die Vormundschaft aufgehoben. - An die Ehe und sogar an die Geburt des ersten Kindes wurden also in der frühen Neuzeit tief greifende Rechte geknüpft. Zur selben Zeit gab es übrigens in Hildesheim auch das folgende Gesetz: ‚Eine verlobte junge Frau, die sich weigert, ihren Verlobten zu heiraten, wird aus der Stadt geschmissen.' Dieses Gesetz wurde auch angewandt, und man kann sich vorstellen, dass es etwas Entsprechendes auch in anderen Städten gab. Was wird wohl aus einer jungen Frau, die allein außerhalb der heimischen Stadttore umherzog, geworden sein? Es gab nur einen einzigen „Beruf", den sie ergreifen konnte, und in diesem Beruf, das wissen wir, wurde ihr keine Ehre zuteil. Auch keine Würde.

---

[17] Quelle: Das Tagebuch des Joachim Oppermann, Stadtarchiv Hildesheim

Springen wir ein bisschen in der Zeit: Im Jahre 1969 wird das Ehegesetz in Deutschland umfassend reformiert. Es steht nun nicht mehr darin, dass der Ehemann die alleinige Pflicht hat, für den Lebensunterhalt zu sorgen und nicht mehr, dass die Ehefrau die alleinige Aufsicht über den Haushalt hat. Auch darf die Ehefrau nun eine Arbeit annehmen, ohne ihren Mann um Erlaubnis fragen zu müssen. Der eheliche Beischlaf ist nun nicht mehr zwingend als Ehepflicht vorgeschrieben. Die Frau darf auch größeres Eigentum kaufen und verkaufen, ohne ihren Mann um Erlaubnis zu fragen. Und der Mann hat nicht mehr das alleinige Bestimmungsrecht über den Wohnort. Nicht-Verheiratete dürfen jedoch weiterhin nicht gemeinsam in einem Raum übernachten, das Kupplungsgesetz gilt noch bis 1972. Will ein Paar also gemeinsam eine Wohnung beziehen oder nur gemeinsam in einem Hotelzimmer übernachten, muss es heiraten. Alle Ehen, die vor 1969 geschlossen worden sind, sind unter wesentlich anderen Voraussetzungen geschlossen worden als die später geschlossenen Ehen: Die meisten Eltern der heute um die 40-jährigen sind unter gesellschaftlichem Zwang eine Ehe eingegangen mit einem Menschen, den sie zwar gemocht oder geliebt haben, aber mit dem sie vor der Ehe keine Gelegenheit hatten, eine echte Partnerschaft auszuprobieren, sprich: gemeinsam zu leben und Krisen zu bestehen. Mit diesem Partner waren sie gezwungen, Geschlechtsverkehr zu haben, wann immer es der andere Partner wollte. Man mag einwenden, dass ein Gesetz nichts darüber aussagt, wie harmonisch und liebevoll die Ehebeziehung tatsächlich ausgesehen hat. Aber hat nicht schon allein das Wissen darüber, dass mein Ehepartner jederzeit das Recht hat, meinen Körper zu „benutzen", einen Einfluss auf die Art des Zusammenlebens? Mir jedenfalls stellen sich bei dieser Vorstellung die Nackenhaare auf. Dieses Recht war schließlich einklagbar. Und möglicherweise wurde die Scheidung eingereicht, wenn ein Ehepartner keinen Geschlechtsverkehr mehr wollte, und dann war er (bzw. meistens sie) auch noch „schuld" an dem Scheitern der Ehe und bekam nach dem damaligen Scheidungsrecht, bei dem es noch kein Zerrüttelungsprinzip gab sondern es auf die Schuldfrage ankam, keine finanziellen Ausgleichs-Ansprüche aus der Ehezeit zugesprochen. Die junge Frau vor 1969 hatte also keine große Wahl im Leben: Sobald sie verliebt war und sich sexuell ausprobieren wollte, blieb ihr nur die Ehe: Und die war ein Gefängnis, denn sie machte die junge Frau finanziell von ihrem Ehemann abhängig. Heiratete sie aber nicht, was es noch viel schlimmer: Entweder kamen uneheliche Kinder oder sie galt irgendwann als „alte Jungfer", in jedem Fall war sie weiterhin von ihrem Vater abhängig. Das war kein großer Unterschied zum Mittelalter. Die Frau konnte die Ehe zwar verweigern, sie konnte sich ihren Ehemann selbst auswählen, aber abhängig war sie ihr Leben lang. Und der Mann? Dem ging es auch nicht viel besser: Denn er hatte mehr Verantwortung, als ihm lieb war: Auf ihm lastete die Pflicht, Ehefrau und Kinder gut finanziell zu versorgen, er musste die wichtigen Entscheidungen fällen und allein verantworten. Die Ehefrau konnte ihm hinterher vorhalten, er hätte sich falsch entschieden und sei jetzt schuld an dieser oder jener Misere. Die Ehe war zwangsläufig auch für den Mann ein Gefängnis, denn außereheliche Beziehungen galten als moralisch verwerflich. Und für beide Ehepartner galt: Woher sollte man wissen, wie sich der Partner entwickelt? Man musste sich auf Lebenszeit festlegen.

Für die Frage der Altersvorsorge spielt die Ehe bei heutigen jungen, gebildeten und realistisch denkenden Frauen keine Rolle mehr. Noch bei unserer Elterngeneration (den Kriegs- oder Nachkriegskindern) war dies jedoch anders: Die Ehe gehörte zum normalen Lebensweg, Scheidungen waren

selten. Die Frau war, sobald sie die Ehe einging, genauso gut
oder schlecht abgesichert wie ihr Mann. Heute hat sich die
Lebenswirklichkeit verschoben: Die Ehe bietet keine Sicherheit mehr; die Leidtragenden sind in den meisten Fällen die
Frauen: Dann nämlich, wenn sie aus Liebe zu ihrem Mann
und den Kindern ihren Beruf aufgegeben haben, um dann
mit Mitte 40 wegen einer Jüngeren verlassen zu werden (wie
es zum Beispiel jüngst der Ehefrau von Christian Wulff, dem
niedersächsischen Ministerpräsidenten, ergangen ist): Obwohl die Kinder alt genug sind und keine Rund-um-die-Uhr-
Betreuung mehr brauchen und es noch 20 Jahre bis zur
Rente sind, dümpeln die meisten dieser Frauen von nun an
mit schlecht bezahlten Zeitverträgen diese 20 Jahre in der
Arbeitswelt herum, weil sie den Anschluss an die Arbeitswelt
damals, als sie jung und gut ausgebildet waren, aus falsch
verstandener Liebe aufgegeben haben. Davon profitiert
haben meist die Ehemänner. Sie wissen das auch zu schätzen
und sagen brav, wenn sie gefragt werden: „Hinter jedem
erfolgreichen Mann steht eine starke Frau, das wissen Sie
doch!" Aber mit dieser Floskel ist es meist auch getan.
Weiterhin ist der Mann der Nutznießer der gesellschaftlichen
und finanziellen Anerkennung. Die Frau soll sich gefälligst
mit ihrer Unterstützer-Nebenrolle begnügen, für die es
weder Geld noch gesellschaftliche Anerkennung gibt. Sie soll
damit zufrieden sein, in der zweiten Reihe zu stehen, zu
lächeln und für ihren Mann schön zu sein. Dies, meine
Damen und Herren, ist immer noch bei einem Großteil der
Bevölkerung so, obwohl man meinen könnte, wir wären im
Jahr 2008 schon einige Schritte weiter. Sind wir leider nicht.
Unerklärlicherweise finden Frauen diese Männer, die ihren
beruflichen Erfolg auf dem Rücken ihrer Frauen ausgetragen
haben, auch noch sexy! Nach außen erfolgreiche und etwas
hart wirkende Männer scheinen eine gewisse Anziehungs-
kraft zu haben. Vielleicht gerade, weil die Frau heraus-

bekommen möchte, welch ein sensibles Wesen hinter dieser Fassade steckt, weil auch etwas Hilflosigkeit in dieser Fassade steckt, die der „arme Mann" da tagtäglich aufbauen muss. Die Frau spürt, dass dieser Mann ein Gegengewicht braucht, weil er nur die eine Hälfte seiner Persönlichkeit nach außen auftreten lassen darf: Die andere Hälfte seiner Persönlichkeit – das Sensible, Weiche und Hilflose - wird auf die Frau projiziert. Der umgekehrte Fall, dass die Frau einen öffentlichkeitswirksamen Beruf hat, kommt auch manchmal vor, aber dass beide Partner beruflich erfolgreich sind, gibt es selten. Dann würde ihnen nämlich der Gegenpol fehlen. Eine prominente Ausnahme möchte ich hier aber erwähnen: Angela Merkel und Herrn Sauer, dessen Vornamen kaum jemand kennt. Die Namen Hiltrud, Doris und Hannelore kannte man indessen sehr gut. Joachim Sauer kann sich nicht darauf einlassen, ganz an der Seite seiner Frau die Unterstützer-Nebenrolle einzunehmen. Dies unterstreicht den alten Ausspruch der Emanzipationsbewegung, der immer noch hoch aktuell ist: „Eine Frau, die erfolgreich sein will, muss dafür doppelt so gut sein wie ein Mann." Denn welch ein schönes Bild haben sämtliche vorherigen Bundeskanzler abgegeben, die ihre lächelnde Frau bei Staatsempfängen stets im Hintergrund (!) dabei hatten. Das war eine gute Arbeitsteilung zwischen Mann und Frau: Der Mann verhandelte, die Frau war im Hintergrund „hübsch" und führte die anderen Ehefrauen durch das Kulturprogramm. Herr Sauer würde sich schon rein optisch, zwangsweise im dunklen Anzug, nicht so gut von den anderen Empfangsteilnehmern abgrenzen, und daher gar nicht auffallen. Also bleibt er meistens ganz zu Hause. Frau Merkel muss ihre Arbeit noch gründlicher machen, als es ein Mann es müsste, weil die positiven Emotionen fehlen, die eine strahlende, unterstützende Ehefrau beim Staatsgast und der Delegation automatisch auslöst. Von dem Verhalten Joachim Sauers können sich viele Frauen eine Scheibe abschneiden, denn es geht in die richtige Richtung der Individualisierung: Warum sollte *ich* mein ganzes Leben ändern, weil *mein Partner* einen öffentlichkeitswirksamen Beruf hat? Frauen wollen sich oft mit in dem Erfolg ihres Mannes sonnen, an dem sie direkt nicht beteiligt sind: Sie gönnen sich die Freizeitprogramme auf Ärztekongressen, Steuerberatertagungen oder Ministerpräsidententreffen und mögen es, von dem Geld und/oder dem Status des Ehemannes zu profitieren. Aber es ist nicht *ihrs*! In der Ehe ist aber manche Frau schon so aufgegangen, dass sie nicht mehr unterscheiden kann, was „ihrs" ist, besonders, wenn sie von Beginn an die Karriere ihres Mannes unterstützt hat. Erst wenn der Mann sie verlässt und weiterhin auf dem mit ihrer Unterstützung erarbeiteten Erfolg schwimmt, merkt die Frau schmerzlich, dass dieser Erfolg eben nicht der Ihrige ist. Es wäre wünschenswert, wenn die Frau genauso an ihrem Beruf arbeiten würde wie der Mann, denn die Zeit der Kindererziehung dauert maximal 20 Jahre, das Berufsleben aber mindestens 40! So viel sollte die Frau der Gesellschaft und sich selbst doch wert sein, dass sie ein erfülltes und angemessen bezahltes Berufsleben hat, anstatt 20 Jahre lang unterbezahlt als Hilfskraft irgendwo zu schuften, zur „Strafe" für die Aufzucht der Kinder und die liebevolle Unterstützung des Ehemannes…

Was ist die Ehe heute? Sie ist ein Vertrag, der für Ordnung sorgt, auf gegenseitige finanzielle Unterstützung ausgelegt ist, die Eigenverantwortlichkeit vermindert und dazu verleitet, sich auf den Partner zu stützen. Das fatale an diesem Vertrag: Man schließe ihn ab, ohne zu wissen, was er genau beinhaltet. Während der Eheschließung im Standesamt bekommt man eine Urkunde, auf der steht, dass man jetzt verheiratet ist. Aber welche Rechte und Pflichten damit verbunden sind, weiß man meistens nicht so genau. Man kann sich noch nicht einmal umfassend informieren, da immer neue Gesetze geschaffen werden, die an den Tatbestand „Ehe" anknüpfen, und zwar sowohl zum Vorteil als auch zum Nachteil der Eheleute. Die Eheschließung hat also im Vergleich zu allen anderen Verträgen, die man abschließt, eine Sonderstellung, die weitreichende, schier unüberblickbare Folgen hat. Zur Klarstellung: Man *kann* neben der Ehe, die an sich schon ein Vertrag ist, noch einen separaten „Ehevertrag" abschließen, der das gesetzliche Eherecht teilweise außer Kraft setzt, und an dem die Rechtsanwältin kräftig verdient. Im Ehevertrag kann man zum Beispiel Regelungen zum Unterhaltsrecht, Erbrecht oder zum Versorgungsausgleich im Fall der Scheidung treffen. Aber alles kann man darin nicht regeln. Wenn zum Beispiel neue Paragraphen im Krankenversicherungsrecht an den Tatbestand „Ehe" anknüpfen, wird nach dem Ehevertrag nicht gefragt, und die Regelungen können zum Nachteil der Eheleute sein. Je umfassender und komplizierter der Ehevertrag wird, und je zäher die Verhandlungen darüber ausfallen, desto mehr muss man sich doch fragen: Warum heiraten wir überhaupt?

Die meisten Ehen werden wohl geschlossen, weil man hofft, zusammen alt zu werden und sicherstellen will, dass der Ehepartner auch nach meinem Tod finanziell abgesichert ist. Das kann man aber auch einfacher haben, indem man ein entsprechendes Testament aufstellt oder eine Lebensversicherung abschließt. Was die heutigen jungen Menschen wirklich dazu bewegt, eine Ehe einzugehen, ist wahrscheinlich die Steuerersparnis durch das Ehegattensplitting (meist der Grund der Männer) und die Fernsehsendungen über Traumhochzeiten (meist der Grund der Frauen). Wie frauenfeindlich das Ehegattensplitting jedoch in letzter Konsequenz ist, wird in Kapitel 6 noch näher ausgeführt.

Ich frage mich: Wann, warum und wieso überhaupt ist in den Köpfen der Menschen dieses „dämliche" Bild von der romantischen Hochzeit entstanden, das vor allem Frauen so anrührt? Geht es darum, einmal im Leben im Mittelpunkt zu stehen, einmal ein schönes weißes Kleid anhaben zu dürfen und einmal unter den Augen der Verwandtschaft Walzer zu tanzen? Einmal Einladungskarten zu drucken, sich über die Menge der Freunde im Klaren zu werden, Geld verprassen zu dürfen und schöne Fotos machen zu lassen? Ist es das? Oder: Den Namen des Mannes anzunehmen (sprich: mich an eine starke Schulter lehnen, einen Teil meiner Identität aufzugeben, ein bisschen so zu sein wie meine Mutter, um ihr damit eine Freude zu machen)? Oder meint man, es entstünde allein durch die Heirat ein größeres Zusammengehörigkeitsgefühl, eine tiefere Liebe zum Partner? Hofft man, dass die Erinnerung an einen einzigen schönen Tag (der oftmals vor lauter Anspannung gar nicht so schön ist) das frisch gebackene Ehepaar so sehr zusammen schweißt, dass diese eine Schweißnaht für das ganze Leben reicht? Ja, das scheint der Grund zu sein: Wir hoffen, das ewige Glück in einem einzigen Augenblick einfangen und bis in alle Ewigkeit festhalten zu können. Das funktioniert aber nicht, denn sowohl die Ewigkeit und als auch das Glück besteht aus vielen einzelnen Augenblicken, die immer wieder neu gelebt werden müssen und dürfen…

Bei Männern funktionieren die Vorteile der Ehe als Anreiz, Verantwortung für eine Frau und Kinder zu übernehmen, übrigens auch nicht mehr so gut wie früher. Männer können realistisch genug denken, um zu wissen, dass eine Ehe nicht auf Lebenszeit geschlossen wird sondern auf Gut-Glück-Zeit. Sie wissen aus dem Bekanntenkreis, dass viele Männer die Anzeichen einer schleichend wachsenden Unzufriedenheit der Ehefrau nicht erkennen und „plötzlich ohne Grund" verlassen werden. Sie sind intelligent genug, den steuerlichen Vorteil des Ehestandes abzuwägen gegen das Risiko einer jahrzehntelangen finanziellen Unterhaltspflicht für die Kinder bei gleichzeitig mit großer Wahrscheinlichkeit entzogenem Sorgerecht (da die Gerichte bei dieser Frage bis heute sehr einseitig entscheiden) und einer – nach neuesten Urteilen nicht mehr allzu langen aber immerhin noch viele Jahre dauernden – Unterhaltspflicht für die Ex-Ehefrau. Man kann es einem Mann genauso wenig wie einer Frau verübeln, dass er sein Gehirn einschaltet, bevor er einen freiwilligen Vertrag auf Lebenszeit abschließt, der bei der jederzeit zulässigen vorzeitigen Kündigung durch seine Vertragspartnerin große Nachteile für ihn selbst mit sich bringen kann. Zumal die Vertragspartnerin zwar in den meisten Fällen sehr Vertrauen erweckend aussieht, sich in ihrer Denk- und Fühlweise jedoch oft erheblich von dem Mann unterscheidet und von ihm in letzter Konsequenz nicht durchschau- und schon gar nicht berechenbar ist.

Das Wort „Ehe" bedeutet „ewig". Nichts weiter. Nur ewig. Somit hat sich die Ehe in Deutschland heute ad absurdum geführt, weil sie nicht mehr auf ewig geschlossen wird. Der eine ursprüngliche Sinn – Sicherheit für Mann und Frau in finanzieller und erbrechtlicher Sicht – existiert nicht mehr. Der andere Sinn – Kontrolle der Machthaber über die sexuellen Aktivitäten der Frauen – existiert auch nicht mehr. Die Ehe hat sich selbst entwurzelt. Sie ist lediglich *eine* Stufe der menschlichen Kulturentwicklung (ob diese „notwendig" war oder nicht, lasse ich mal dahin gestellt, obwohl ich eindeutig zu Letzterem tendiere, denn ich weigere mich vehement, zu glauben, dass jahrtausendelange Unterdrückung der Selbstbestimmung der Frauen „notwendig" waren). Fest steht: Jetzt ist eine *neue* Stufe der menschlichen Kulturentwicklung dran! Die Ehe ist nicht mehr zeitgemäß und in vielen heute noch praktizierten Formen mit der Menschenwürde nicht vereinbar! Es hat sich ausgeeht.

Dazu ein Zitat von Georg Kreisler, das ich mir an dieser Stelle nicht verkneifen kann:

„Die Ehe bringt viel Zorn und wenig Spaß,
frag mal die Mamas und die Papas.
Da hat man sich mal durchgerungen,
ist durch einen Ring gesprungen,
unten war kein Netz – jawoll, das war`s.
Da hatte man mal wochenlang kein Hirn,
so was kann ja jedem mal passier`n.
Erst hat man sich vergafft,
dann ist man – puff – verpafft,
und schließlich hat man lebenslange Haft."

Kein Mensch hat ein Bedürfnis nach Ehe. Menschen haben Bedürfnisse nach einer stabilen Partnerschaft, finanzieller Sicherheit, Liebe und Anerkennung. All das hat praktisch nichts mit Ehe zu tun. Die Ehe war noch nie ein Garant für eine langjährig gute oder gar glückliche, feste Partnerbeziehung. Die Ehe war lediglich, als der gesellschaftliche Druck noch funktionierte, ein Garant für ein lebenslängliches Zusammenleben. Seien wir endlich realistisch und ziehen wir die lange überfällige Trennlinie zwischen der Vertrags- und der Beziehungsebene!

Deshalb mein Rat: Feiern Sie ein „Wir haben uns lieb-Fest" mit schönen Kleidern, Tanz, gutem Essen, mit den besten Freunden, dem netten Teil der Verwandtschaft und einem ansprechenden Rahmenprogramm. Das kann man sogar von Zeit zu Zeit wiederholen, und sich immer mal wieder darüber freuen, dass man sich immer noch lieb hat…

6. Bauklötzchenspiele im Wald

Wissen Sie, was ein Wald ist? Natürlich wissen Sie das: Eine Ansammlung von Bäumen. Wahrscheinlich können Sie auch eine Eiche von einer Buche unterscheiden, aber eine Fichte von einer Kiefer? Schäden durch sauren Regen von Borkenkäferbefall? Waren Sie schon einmal nachts im Wald? Haben Sie schon einmal die Wege verlassen? Wenn dies auch in unseren kultivierten Wäldern noch möglich ist, in Kanada hätten Sie dabei schon Probleme: Außerhalb der Wege ist kein Durchkommen. Und im Regenwald? - Jedes 4-jährige Kind wird sagen, es weiß ganz genau, was ein Wald ist. Stimmt ja auch. Das Kind weiß genau das, was es in seinem Alter wissen muss: Bäume, Geräusche, Gerüche, Vorsicht oder Verbot beim Verlassen der Wege, nie allein und nur am Tag betreten. Und den meisten Erwachsenen reicht dieses Wissen auch. Ich muss nicht alles über den Urwald wissen, um mich auf meinem eigenen Waldweg vor der Haustür zurechtzufinden.

Kein einziger Mensch auf der Welt kennt sich im Dschungel des deutschen Steuerrechts aus. Wirklich keiner. Ein Steuerberater hat auch nur die Themen parat, die er oft anwendet, in alle anderen muss er sich mühsam einarbeiten. Die Deutschen sind Weltmeister darin, sich vieles so kompliziert zu machen, dass sie am Ende selbst nicht mehr durchsteigen. Aber glauben Sie mir: Man muss auch nicht alles wissen! Ich möchte Ihnen hier kurz und einfach das nahe bringen, was Sie über Steuern wissen müssen, wenn Sie verheiratet sind (praktisch den Waldweg vor Ihrer Haustür). Es ist so einfach wie ein Kinderspiel mit Bauklötzchen.

Wissen Sie, was Steuern sind? Steuern sind, wie der Name schon sagt, Instrumente, um das Verhalten der Menschen zu *steuern.* Das ist tatsächlich die ursprüngliche Bedeutung. Dies ist wichtig für die Richtung der Betrachtung: Es ist eben *nicht* so, dass sich die Menschen aus rein persönlichen Gründen für eine bestimmte Lebensweise entscheiden und *dann* erst schauen, wie viel Steuern sie bei dieser Lebensweise bezahlen müssen. Nein: Die Menschen kennen die steuerlichen Gesetze (jedenfalls in groben Zügen durch die Medien) und verhalten sich nach Möglichkeit so, wie es für sie am Günstigsten ist. Mit anderen Worten: Steuern lenken, also steuern, das menschliche Verhalten. Mit Änderungen der Steuergesetze kann man menschliches Verhalten ändern. Mit Beibehaltung der Steuergesetze kann man menschliches Verhalten beibehalten. Das ist so gewollt. Es ist eines der Prinzipien unseres Rechtsstaates und grundsätzlich auch nichts Schlechtes. Jedoch muss man schauen, *wer* die Steuergesetze beschließt, ob also die Zusammensetzung des Bundestages einen repräsentativen Durchschnitt der Bevölkerung abbildet. Dabei stellt man fest, dass 66,7% der Bundestagsabgeordneten verheiratet und 68,4% männlich sind[18], obwohl nur 44,15% der Bevölkerung in Deutschland verheiratet ist[19] und nur 49% männlich[20]. Dieser Bundestag wird also, solange er an sich selbst mehr denkt als an die Gesamtbevölkerung, an dem Privileg, welches die einkommensteuerliche Zusammenveranlagung von Ehepartnern und das Ehegattensplitting für verheiratete, gut verdienende Männer darstellt, nichts ändern. Das Festhalten am Ehegattensplitting hat jedoch große gestalterische Auswirkungen auf persönliche Entscheidungen der Menschen, insbesondere auf Ehefrauen, die Kinder haben: Es hält sie davon ab, (wieder) einer bezahlten Beschäftigung nachzugehen.

---

[18] in der aktuellen Wahlperiode, lt. Kürschners Volkshandbuch
[19] im Jahr 2006 waren ca. 36.339.300 von 82.314.900 Einwohnern verheiratet, Quelle: Statistisches Bundesamt Wiesbaden
[20] Stand: 31.12.2007, Quelle: Statistisches Bundesamt Wiesbaden

Schauen wir uns erst einmal an, wie sich das Ehegatten-splitting auswirkt und sparen uns den geschichtlichen Hintergrund für später auf:

Seit einem Beschluss des Bundesverfassungsgerichtes aus dem Jahr 1995 hat jeder, der in Deutschland lebt, das Recht auf die steuerliche Freistellung seines Existenzminimums. Das bedeutet, dass jemand, der weniger als 7.670 EUR im Jahr verdient, keine Einkommensteuer zahlen muss. Lohn-steuer ist übrigens dasselbe wie Einkommensteuer, nur mit dem Unterschied, dass die Lohnsteuer direkt vom Arbeit-geber ans Finanzamt überwiesen wird, während man die Ein-kommensteuer – beispielsweise als Selbständiger – selbst ans Finanzamt zahlen muss. Wer also weniger als das Existenz-minimum von 7.670 EUR zur Verfügung hat, zahlt keine Einkommensteuer. Gemeint ist hier das „zu versteuernde Einkommen", das ist - vereinfacht gesagt - das Brutto-Ein-kommen abzüglich aller Kosten, die direkt mit dem Beruf zusammenhängen und abzüglich der Versicherungsbeiträge. Ich nenne es hier zur besseren Lesbarkeit „Einkommen". In meiner vereinfachten Darstellung - siehe Abbildungen auf den Seiten 88 und 89 - habe ich das Existenzminimum auf 8.000 EUR festgelegt und ihm die Farbe gelb gegeben. Das gelbe Bauklötzchen ist für den Steuerzahler das beste, denn es kostet ihn nichts, wenn er es besitzt. Die nächsten 8.000 EUR Einkommen (von 8.001 bis 16.000) werden vom orangenen Bauklötzchen dargestellt, für das ich 1.800 EUR an den Staat bezahlen muss: Das sind 22,5% des orangenen Klotzes (1.800 EUR sind 22,5% von 8.000 EUR) und 11,25% des Turmes aus gelbem und orangenem Bauklotz (1.800 EUR sind 11,25% vom Gesamteinkommen 16.000 EUR). Je mehr Einkommen ich habe, desto teurer werden die Bauklötzchen, die ich oben auf mein gelbes Existenz-minimum herauf stapele. Das rote (Einkommen 16.001 bis

24.000) kostet schon 2.200 EUR, das violette (24.001 bis 32.000) kostet 2.500 EUR, das blaue (32.001 bis 40.000) kostet 2.800 EUR. Habe ich ein Einkommen von 40.000 EUR, so muss ich die Kosten für alle Klötzchen addieren und komme auf 1.800 + 2.200 + 2.500 + 2.800 = 9.300 EUR. Hier hört meine Darstellung auf, die folgenden Klötzchen für höhere Einkommen würden von dunkelblau über dunkelgrau zu schwarz gehen und immer teurer werden; das teuerste Klötzchen kostet 4.200 EUR. (Für Experten sei an dieser Stelle erwähnt, dass es in Wirklichkeit viele kleine Bauklötzchen gibt, die – mit Ausnahme des gelben - viel niedriger sind, quasi wie dünne Scheibchen, und die Werte zur Vereinfachung gerundet wurden.)

Schrieb ich gerade, jeder Mensch, der in Deutschland lebt, hat das Recht auf steuerliche Freistellung des Existenzminimums (hier: das Recht auf ein gelbes Bauklötzchen)? Stimmt nicht ganz. Denn Ehepartner – meist Frauen und Mütter, die die Steuerklasse 5 gewählt haben, weil ihr Ehemann sehr viel mehr Geld verdient als sie, haben dieses Recht nicht: Sie schenken mit der Wahl der Steuerklasse 5 ihr gelbes Bauklötzchen ihrem Ehemann, der die Steuerklasse 3 gewählt hat und sich über eine geringere Steuerlast und ein höheres Netto-Einkommen freuen kann. Das noch relativ günstige orangene Bauklötzchen schenken die Ehefrauen gleich mit. Sie steigen ungefähr beim roten Bauklötzchen ein, müssen also auf den ersten verdienten Euro schon mehr als 25% Steuern zahlen. (Für Experten: Die Zahlen der Türme C und D auf den nachfolgenden Seiten sind vereinfacht worden. In Wirklichkeit zahlt der Ehegatte mit Steuerklasse 3 sogar noch weniger Einkommensteuer - ca. 5.300 EUR - und der Ehegatte mit Steuerklasse 5 noch mehr - ca. 4.800 EUR.)

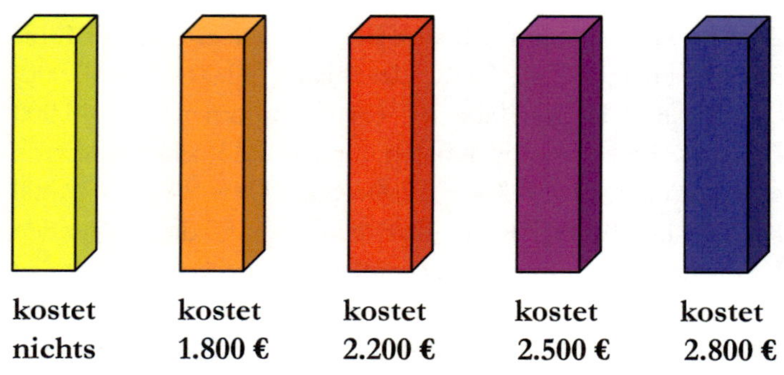

Zu zahlende Einkommensteuer für jeweils 8.000 € Einkommen. Jeder Mensch hat das Recht auf ein Bau-Klötzchen von jeder Farbe. Ausnahme: Eheleute bekommen gemeinsam zwei Bauklötzchen von jeder Farbe.

Beispiele auf der gegenüberliegenden Seite:

Turm A:

Einkommen **40.000 €** (jedes Klötzchen steht für 8.000 €), gilt für Alleinstehende sowie Eheleute mit Steuerklasse 4: Die zu zahlende Einkommensteuer bzw. Lohnsteuer beträgt **9.300 €** (1.800 + 2.200 + 2.500 + 2.800)

Turm B:

Einkommen **16.000 €**, gilt für Alleinstehende sowie Eheleute mit Steuerklasse 4: Einkommensteuer **1.800 €**

Turm C:

Einkommen **40.000 €**, für den Ehegatten mit Steuerklasse 3: Einkommensteuer **5.800 €** (1.800 + 1.800 + 2.200)

Turm D:

Einkommen **16.000 €**, für den Ehegatten (meist Ehefrau) mit Steuerklasse 5: Einkommensteuer **4.700 €** (2.200 + 2.500)

Alleinstehende Steuerklasse 1
und Eheleute Steuerklasse 4

Eheleute
Steuerklassen 3 und 5

Und nun – wie versprochen – noch ein paar Ausführungen zur geschichtlichen Entwicklung des Ehegattensplittings, sprich: dem Recht des Mehr-Verdieners in der Ehe (in schätzungsweise 95% der Fälle des Mannes), dem Ehepartner die beliebten hellen Bauklötzchen wegzunehmen:

Die Zusammenveranlagung von Ehegatten war schon im preußischen Einkommensteuergesetz von 1891 geregelt. (Vorher hatte es eine Art „Klassensteuer" gegeben, in der jeweils der Hausherr einen Pauschalbetrag für seinen gesamten Haushalt samt Ehefrau, Kindern und Hausangestellten bezahlte.) 1921 - in der Weimarer Republik - wurden Ausnahmen von der Zusammenveranlagung eingeführt: Frauen, die einer selbständigen oder unselbständigen Tätigkeit nachgingen (sprich: alle Angestellten) wurden selbständig veranlagt. Es gab nun viele berufstätige Frauen, und es war eine Entwicklung hin zu einem höheren Bildungsstand der Frauen erkennbar (beispielsweise gab es zahlreiche Ärztinnen und Lehrerinnen), gleichzeitig sank die Geburtenrate. Sie ahnen, wenn Sie Kapitel 4 bereits gelesen haben, was jetzt kommt: Einem gewissen Herrn in braun mit einer ausgeklügelten, auf viele Jahrhunderte angelegten Rasse-Vision passte diese Entwicklung nicht ins Bild: Er brauchte Kinder (u. a. als Kanonenfutter) und war schlau genug zu erkennen, dass er dieses Ziel besser erreichen kann, wenn das Volk zufrieden ist. Also wertete er ideologisch die Rolle der Hausfrau und Mutter auf, drängte Frauen durch neue Gesetze aktiv aus dem Berufsleben heraus und schaffte alle Ausnahmen von der Zusammenveranlagung ab: Ehepartner wurden nun mit ihrem gesamten Einkommen steuerlich wie ein einziger Bürger behandelt. Da es auch schon die Steuerprogression gab, aber noch kein Ehegattensplitting (es gab günstigere und ungünstigere Bauklötzchen, die aber bei Ehepartnern noch nicht verdoppelt wurden), waren nun

Ehepaare benachteiligt, die gemeinsam ein hohes Einkommen hatten, also in der Progression weit hinauf kletterten. Da die Berufstätigkeit des Ehemannes aufgrund des geltenden Eherechts und dem daran hängenden gesellschaftlichen Status in keinster Weise in Frage gestellt wurde, waren also diejenigen Ehen benachteiligt, in denen die Frau berufstätig war. Und genau das war das erklärte politische Ziel: Es sollte sich für eine Ehefrau nicht lohnen, arbeiten zu gehen, statt dessen sollte sie zu Hause für die Erhaltung der „deutschen Rasse" und für die Zufriedenheit ihres Mannes sorgen. Soweit so lange her und heute nicht mehr relevant, hofft man heute. Dem ist aber leider mit Nichten so. Konrad Adenauer und der CDU gefielen die Frauen in der Rolle als Hausfrauen und Mütter so sehr (bzw. sie waren so daran gewöhnt), dass sie die Steuergesetze in diesem Punkt eins zu eins übernahmen. Nun kam das „Schicksalsjahr" 1957, in dem nicht nur der „Generationenvertrag" der Rentenversicherung eingeführt wurde, dessen fehlende Weitsicht wir heute mehr und mehr erkennen, sondern auch das Bundesverfassungsgericht ein folgenschweres Urteil über die Zusammenveranlagung fällte: Kurz gesagt geht es in dem Urteil darum, dass Eheleute gegenüber Alleinstehenden nicht benachteiligt werden dürfen, weil die Ehe in Artikel 6 des Grundgesetzes geschützt ist. Als Folge von diesem Urteil führte die Regierung Adenauer, unter Beibehaltung der ausnahmslosen Zusammenveranlagung, das Ehegattensplitting ein: Seitdem schmeißt man - salopp gesagt - das Einkommen beider Ehepartner in einen Topf und teilt es für die Besteuerung so auf, als ob es zu 50% vom Mann und zu 50% von der Frau verdient worden wäre. Kurzum: Eheleute bekommen gemeinsam je zwei gelbe Bauklötze, zwei orangene u.s.w. Dadurch ist ein Ehepaar einem unverheirateten Paar gegenüber nicht mehr benachteiligt, sondern im Vorteil, womit ein Anreiz zum Heiraten geschaffen wurde.

Dieser Splittingtarif (das Einkommen wird auf beide Eheleute gleichmäßig „aufgesplittet") gilt bis heute unverändert.
Das wäre auch in Ordnung, wenn jeder Mensch die Entscheidungen darüber, ob und wieviel er oder sie arbeitet,
unabhängig vom Besteuerungssystem fällen würde. Jedoch
stellt es sich in der Realität anders dar: Der Ehemann, der
meistens mehr verdient als die Frau und nach Steuerklasse 3
besteuert wird, bekommt die Privilegien der Frau überschrie-
ben (die Freistellung des Existenzminimums und die günstige Progression bei niedrigem Einkommen, also das gelbe
und orangene Bauklötzchen). Es wird bei der Besteuerung so
getan, als ob seine Ehefrau genau die Hälfte seines Gehaltes
von ihm abbekäme. Dies ist aber nur ein Konstrukt, denn
tatsächlich entscheiden die Eheleute untereinander, wie viel
die Frau von dem Geld, welches der Ehemann verdient,
abbekommt, und in vielen Fällen wird sie mit „Haushaltsgeld" kurz gehalten. Denn zwei Menschen, auch wenn sie
verheiratet sind, *empfinden sich niemals als eine einzige Person!* Der
Mann wird, auch wenn er seine 50.000 EUR für die ganze
Familie verdient und die Ehefrau ihm den Rücken frei hält,
immer sagen, *er* verdiene 50.000 EUR. Auch seinen Netto-
Verdienst, der aufgrund der Steuerklasse 3 deutlich höher
ausfällt, als er ohne Ehefrau ausfallen würde, empfindet er
als *seinen* Verdienst. Die Frau empfindet es jedoch so, dass sie
durch die Eheschließung einen Nachteil hat, weil sie jetzt „in
Steuerklasse 5 kommt" (eine wirkliche Wahl hat sie nicht, da
die Wahl der Steuerklassen 4 und 4 bei stark unterschied-
lichem Einkommen im Laufe des Jahres wirklich ungünstiger
ist. Dass bei der Einkommensteuer-Erklärung am Ende des
Jahres alles wieder ausgeglichen wird, die Steuerklassenwahl
also tatsächlich *lediglich* einen Zinsvor- oder nachteil bewirkt,
ist den meisten Menschen nicht klar). Der ohnehin in den
meisten Fällen schon niedrigere Stundenlohn der Frau wird
durch die extrem hohe Steuerbelastung in der Steuerklasse 5

so geschmälert, dass die Frau nicht mehr das Gefühl hat, angemessen bezahlt zu werden, und somit auch kein großes Selbstwertgefühl aus ihrer Tätigkeit zieht. Der Ehemann mit Steuerklasse 3 hingegen merkt eine Gehaltserhöhung sehr viel deutlicher auf seinem Lohnzettel.

Nach all dem, was wir nun wissen, ist es unverantwortlich, die Zusammenveranlagung und somit auch das Ehegattensplitting *nicht* abzuschaffen! Nach Abschaffung der Zusammenveranlagung gäbe es im derzeitigen Steuersystem zwei Möglichkeiten, um die Privilegien einer Steuerersparnis zu erhalten, die eintritt, wenn das Einkommen gleichmäßig auf beide Eheleute verteilt ist:

Möglichkeit 1: der Arbeitsvertrag: Zwischen den Eheleuten wird genau ausgehandelt, was die Arbeit der Frau wert ist, und diesen Wert bekommt sie von ihrem Ehemann ausgezahlt: 50% der Haushaltstätigkeiten, 50% der Kinderbetreuung, 50% des Essen Zubereitens (jeweils die Zeitanteile, die der Mann eigentlich zu übernehmen hätte), das Hemden Bügeln für den Mann, das Einkaufen und Telefonate Erledigen für den Mann. Damit der Arbeitsvertrag steuerlich anerkannt wird, muss er auch tatsächlich durchgeführt werden. Sprich: Das Geld muss tatsächlich auf ein eigenes Konto der Ehefrau fließen und darf nicht auf einem Gemeinschaftskonto bleiben. Auf die Diskussionen über den Wert der Arbeit der Ehefrau, die sie bisher klaglos „ehrenamtlich" ausgeführt hat, bin ich schon sehr gespannt! Auf dieses Arbeitsentgelt fallen natürlich auch Sozialversicherungsbeiträge an, aber das hat den Vorteil, dass die Ehefrau besser rentenversichert ist. Um den bestmöglichen Steuervorteil zu erlangen, müsste die Frau 50% des Gehaltes des Ehemannes ausgezahlt bekommen. Das hat sie dann wirklich in der Tasche und kann frei darüber verfügen.

Möglichkeit 2: Unterhaltszahlungen an die bedürftige Ehefrau werden als außergewöhnliche Belastung abgezogen. Dies setzt erstens voraus, dass die Ehefrau wirklich bedürftig ist, also ein sehr geringes Einkommen und nur ein geringes Vermögen hat. Zweitens müssen auch die Unterhaltszahlungen tatsächlich auf ein eigenes Konto der Ehefrau überwiesen werden.

Politisch wird bisher argumentiert, dass es in Artikel 6 unseres Grundgesetzes heißt: „Ehe und Familie stehen unter dem besonderen Schutz der staatlichen Ordnung". Aber es steht im selben Artikel auch: „Den unehelichen Kindern sind durch die Gesetzgebung die gleichen Bedingungen für ihre leibliche und seelische Entwicklung und ihre Stellung in der Gesellschaft zu schaffen wie den ehelichen Kindern." Im Jahr 2007 waren 211.053 von 684.862 lebend in Deutschland geborenen Kindern „unehelich", das sind 30,8%, also fast ein Drittel.[21] Ihr Anteil steigt von Jahr zu Jahr. Wie lange will man noch warten, bis man die Privilegien der Verheirateten, hauptsächlich der verheirateten Männer, endlich abschafft? Zumal die Privilegien auch für kinderlose Ehepaare gelten (deren Anteil an den Ehen stetig anwächst) und für Ehepaare, deren Kinder längst keine finanzielle Unterstützung mehr bekommen. Trotzdem wird das Ehegattensplitting politisch als „Familienförderung" verkauft, was an der heutigen Lebensrealität weit vorbei geht. Eine Umverteilung des durch die Abschaffung des Ehegattensplittings frei werdenden Geldes auf die tatsächliche *Kinder*förderung ist lange überfällig!

---

[21] Quelle: Statistisches Bundesamt Wiesbaden, Zusammenfassende Übersichten über Eheschließungen, Geborene und Gestorbene, erschienen am 20.8.2008

7. Baby, lass uns Kinder zeugen!

Der Mensch ist ein sexuelles Wesen. Wäre das nicht so, hätte sich seine Art bis heute nicht erhalten. Das sexuelle Verlangen der Frau ist biologisch gesehen genau so groß wie das sexuelle Verlangen des Mannes. Schließlich haben im Laufe der Evolution diejenigen Frauen die meisten Kinder bekommen, die den meisten Spaß am Sex hatten. Wenn ein Mann die Auswahl hat, hat er lieber Sex mit einer Frau, die ausstrahlt, das auch zu wollen, als dass er eine griesgrämig in der Ecke sitzende Frau dazu überredet. Und Frauen, die wirklich keinen Sex wollten, konnten sich – wie wir schon gehört haben – allein durch ihre Körperkraft eines ungeliebten Mannes erwehren, und zwar bis zu der Zeit, als Werkzeuge bzw. Waffen erfunden worden waren und die Androhung gesellschaftlicher Strafen die natürliche Verteidigung außer Kraft gesetzt hatte. Wie kommt es nun dazu, dass wir um uns herum und auf der ganzen Welt das Bild wahrnehmen, der Mann hätte prinzipiell ein größeres sexuelles Verlangen als die Frau? Das Bild, dass – um es überspitzt auszudrücken - Männer immer wollen und Frauen überredet oder gewalttätig überzeugt werden müssen? Nun, das liegt daran, dass die Frauen es in der Geschichte nicht geschafft haben bzw. gewaltsam daran gehindert wurden, ihre weibliche Sexualität in den Vordergrund zu stellen, und dass Männer ihre männliche Sexualität gewaltvoll durchgesetzt haben. Gewalt meint hier beides: die Waffen-Gewalt und die gesellschaftliche Macht der Beschließung und Durchsetzung von Gesetzen. Es waren nicht nur die „bösen" Männer, die daran „schuld" sind, dass bis heute nahezu alle öffentlich zur Schau gestellte Sexualität die Männliche ist. (Was ich damit meine: Es gilt der männliche Blick. Frauen werden so fotografiert und ziehen sich so an, wie es Männer sexy finden. Halbnackte Frauen prangern auf Werbeplakaten in Posen, die Männer offensiv heiß machen, aber halbnackte Männer in einer sinnlichen, für Frauen anregenden Pose sieht man auf Plakaten extrem selten.) Es sind auch Generationen von Frauen, die das immer wieder geduldet haben und es bis heute sogar aktiv unterstützen!! Junge Frauen, die heute in ihrer Jugendclique meinen, sie müssten männlich-sexistische Sprüche machen, um cool dazuzugehören. Frauen, die auf die Hamburger Reeperbahn gehen und es normal finden, dass sich hier Frauen im Schau-fenster ausstellen, aber keine Männer. Zigtausende von Frauen in Deutschland, die Geschlechtsverkehr mit ihrem Partner erdulden, obwohl sie keinen Spaß daran haben, anstatt die Sache aktiv in die Hand zu nehmen und spaßvoll gemeinsam mit ihrem Partner Wege zu erkunden, wie es für beide schöner wird (denn auch der Mann hat keinen Spaß an einer lustlosen Sexualpartnerin, und wird bald ganz aufhören, sie zu begehren, womit sie dann ihr Ziel erreicht hat, nicht mehr erdulden zu müssen, aber ihr ureigentliches Ziel, eine erfüllte Sexualität zu haben, völlig begraben hat). Denn die Schranken der Eindämmung der weiblichen Sexualität sind in Deutschland weggefallen! Es gibt keinen Grund mehr, sich trotzdem als Frau der männlichen Sexualität unterzuordnen! In der Ehe ist kein sexueller Verkehr mehr vorgeschrieben, und gegen jede Form sexueller Gewalt kann sich eine Frau hierzulande rechtlich wehren.

Beim Thema Prostitution kommt die Schieflage in unserer patriarchalen Gesellschaft besonders gut zum Ausdruck. Um dies angemessen deutlich zu machen, wähle ich in den folgenden Absätzen bewusst einen suggestiven Sprachstil und spicke ihn mit rhetorischen Fragen:

Wenn der Mann in seiner Beziehung sexuell unzufrieden ist, kann er sich die spaßvollere und unkomplizierte Sexualität einfach einkaufen. Es gibt genügend Angebote in Bahnhofsnähe und Zeitungsanzeigen, die jedoch angeblich von niemandem genutzt werden. Denn alle (Ehe-) Männer sind brav und seriös, und würden so etwas niemals tun. Das strahlen sie jedenfalls nach außen aus. Es schadet ihrem Ansehen in Beruf und Gesellschaft jedoch nicht, wenn sie dennoch Dienste von Frauen in Anspruch nehmen. Es wird als normal oder zumindest als entschuldbar angesehen und als gegeben hingenommen, dass der Mann, auch wenn er verheiratet ist, den Trieb hat, sich sexuelle Dienste zu erkaufen. Das ist eben so. Dafür muss man und frau Verständnis haben. Das Verhalten der Männer wird dabei nicht als unmoralisch angesehen und nicht als sittenwidrig. Entlarvend ist, was im Schülerduden Psychologie unter dem Begriff „Prostitution" angeführt wird: Prostitution resultiere unter anderem aus materieller Not und der Neigung zu schnell verdientem Geld.[22] Das muss man sich einmal deutlich vor Augen führen: Die Ursache der Prostitution ist nach einer anerkannten heutigen Theorie in der Psyche der Frauen zu finden. Merken Sie etwas? Genau, das ist einzig und allein die männliche Perspektive! Genauso müsste man sagen, Ursache der Prostitution ist Reichtum und der Hang, schnell Geld auszugeben. Von der fehlenden Fähigkeit, sexuelle Triebe zu kontrollieren oder dem Hang, Macht auszuüben, rede ich noch nicht einmal! Und gänzlich schweige ich von den vielen tausend Prostituierten, die gewaltsam von Männern dazu getrieben werden und gar keine andere Wahl haben. Bis in die heutige Wissenschaft hinein gilt der männliche Blick als anerkannt, der weibliche wird gar nicht erwähnt. Niemand würde ernsthaft behaupten, die Ursache für die Eröffnung einer Autowerkstatt liege in der Neigung des Eigentümers, schnell Geld zu verdienen. In diesem Fall

---

[22] Dudenverlag, 3. neu bearbeitete Auflage 2002

handelt es sich in der anerkannten Meinung um eine betriebswirtschaftliche Entscheidung, die sich nach der Nachfrage richtet; dass der Eigentümer damit Geld verdient, ist eine Selbstverständlichkeit, die nicht erwähnt wird. Die Schwächen des Mannes, die ihn zum Aufsuchen einer Prostituierten treiben, werden gesellschaftlich auf allen Ebenen anerkannt. Aber das Bedürfnis einer Frau, eigenes Geld zu verdienen, wird nicht anerkannt. Dabei tut sie – wenn sie sich freiwillig dazu entschieden hat - lediglich das, was alle anderen Arbeitenden auch tun: Sie stellt ihre Stärken heraus und bietet das, was sie gut kann, als Dienstleistung an, um von dem Geld, das sie damit verdient, leben zu können. Obwohl sie einer ganz normalen Arbeit nachgeht, wird die Frau - wie eh und je und seit tausenden von Jahren durch Pandora und Eva symbolisiert - als die Verführerin angesehen, die ihre Lust nicht unter Kontrolle hatte (das Absurde daran ist, dass der Beruf der Prostituierten für sie fast ausschließlich gar nicht lustvoll ist), während der arme, bemitleidenswerte Mann ihr bis heute – wie schon Adam – hilflos ausgeliefert ist, weil er offensichtlich keinen Verstand besitzt, der ihm geholfen hätte, der Verführung zu widerstehen…

Wie kann es sein, dass trotz aller Emanzipation der Frauen und grundgesetzlich verankerter Gleichberechtigung bis heute „im allgemeinen die Prostituierten, selten die Kunden, Objekt teils strafender, teils reglementierender Eingriffe sind", wie es ebenfalls im schon erwähnten Artikel des Schülerdudens heißt? Ja, zu einer Prostituierten zu gehen gilt noch nicht einmal als richtiges Fremdgehen, nicht als richtiger Ehebruch. Warum? Weil die Prostituierte keine für voll zu nehmende Frau ist? Weil keine Beziehung entsteht (als ob mit Dauerkunden keine Beziehung entstehen würde)? Oder weil der Mann keine weitergehenden Verpflichtungen eingeht? Weil er im Falle einer Schwangerschaft keine

Verantwortung übernehmen würde? So gesehen wäre es im Umkehrschluss auch kein Ehebruch, wenn ich als Frau in eine andere Stadt zu einer Party gehe, mit einem Partygast Sex habe, ihn nie wieder sehe und keine Verpflichtung eingehe. In der gesellschaftlichen Bewertung gilt dies aber als Fremdgehen bzw. Ehebruch. Warum? Weil ich ihm dafür nichts bezahle? Weil ich ihn trotzdem als Menschen achte?

Wenn ich als Frau nebenberuflich als Prostituierte arbeiten würde, müsste ich höllisch aufpassen, dass das niemand aus meinem Bekanntenkreis erfährt. Schon jungen Mädchen wird eingeredet: „Pass auf, dass du nicht so abstürzt!" Dabei wäre die richtige Aussage: „Hüte Dich vor der Ekelhaftigkeit der Männer! Männer sind nicht in der Lage, eine Frau als Geschäftspartnerin auf gleicher Augenhöhe wahrzunehmen, wie sie es mit einem Mann tun. Männer verwechseln Dienstleistung mit Besitz und mit Verfügungsgewalt auf Zeit. Deshalb sind sie nicht fähig, die Frau zu ehren, die ihnen schöne Stunden bereitet. Und deshalb ist die Frau die Dumme, wenn sie diese Dienstleistung anbietet. Nicht derjenige, der die Dienstleistung in Anspruch nimmt, wird gesellschaftlich geächtet, sondern diejenige, die sie anbietet." Dabei verhält sich die Frau ganz schlau betriebswirtschaftlich nach den Marktgesetzen: „Wo eine Nachfrage ist, kann ich Geld damit verdienen, das nachgefragte Produkt anzubieten. Und wo keine Nachfrage ist, kann ich ein Bedürfnis erzeugen, damit die Nachfrage steigt." Das ist das Prinzip in alle Branchen!

Wenn Frauen zu wenig Geld haben, um sich ihrerseits einen Prostituierten leisten zu können, dann ist das ihr Pech. Männer haben eben mehr Geld, und sind auch berechtigt, dies so auszugeben, wie sie wollen. Ja, Frauen haben eben ein schlechteres Karma und sind deshalb als Frau und nicht als Mann geboren worden. Denn für eine Frau sind die

Berufe, die sie bevorzugt nach ihrer Neigung wählen kann, schlechter bezahlt. Frauen werden dazu gedrängt, jahrelang zu Hause zu bleiben, sobald sie ein Kind geboren haben (wer kann sich schon von seinem Haushaltsgeld einen Prostituierten leisten?). Auch Frauen mit älteren Kindern haben oft nur einen schlecht bezahlten Teilzeit-Job, bei dem für sexuelle Freizeitgestaltung kein Geld übrig bleibt. Dazu kommt: Selbst wenn sie genug Geld hat, ist für eine Frau die Hemmschwelle, sich Sexualität zu erkaufen, größer als für einen Mann, denn sie kauft die Katze im Sack: Sie weiß nicht, ob der Mann sie auch befriedigen kann, ob er auf ihre Bedürfnisse eingeht. Auch kann sie ihn sich nicht einfach im Schaufenster aussuchen, sondern muss ihn sich bestellen. Damit er sich auf ihre Wünsche einstellen kann, müsste sie ihn schon mehrmals bestellen. Zugegeben, da haben es die weiblichen Prostituierten leichter: Ein Mann ist leichter sexuell zufrieden zu stellen als eine Frau. Das liegt aber nicht daran, dass die Frauen so unverschämt anspruchsvoll sind, während die Männer ach so genügsam sind! Nein. Es liegt erstens an den biologisch filigraner angelegten Sexual-Organen der Frau (und dafür kann man sie ja nun nicht verantwortlich machen), aber größtenteils hängt es an der Schieflage der sexuellen Aufklärung: Denn jedes kleine Mädchen weiß schon, was Männer geil macht, weil es tagtäglich an jeder Litfaßsäule und in jeder Zeitschrift kundgetan wird. Weibliche Sexualität kommt hingegen so selten in den Medien vor, dass viele Männer meinen, ihre eigene Partnerin sei die ungewöhnlichste und sexuell anspruchsvollste Frau auf der ganzen Welt. Es klafft einfach ein großes Wissens-Loch, weshalb ich diesem Thema ein eigenes Kapitel gewidmet habe (s. Kapitel 8).

Was hat nun Sexualität mit Kinder kriegen zu tun? Und warum stellt die Autorin dieses Buches so dumme Fragen? Weil ganz Deutschland über das Kinder kriegen redet, als ob es sich dabei um die Entscheidung handelt, sich einen neuen DVD-Player zu kaufen. Ja, Kinder kriegen hat tatsächlich etwas mit Sexualität zu tun. Und zwar meist nicht mit einer spontanen „dahergelaufenen" Sexualität sondern mit Sexualität in einer festen Partnerschaft. Wie Kinder spontan entstehen können, wenn zwei fremde Menschen wild übereinander herfallen, kann sich jeder gut vorstellen. Aber in der Partnerschaft? Gar in einer langjährigen Partnerschaft? Da muss man wirklich betonen, dass Kinder nur dann entstehen können, wenn die Partner auch sexuell miteinander verkehren, was ganz und gar nicht selbstverständlich ist… Es gab zwar vor 40 Jahren einmal eine sogenannte sexuelle Revolution, aber in dem größten Teil der deutschen Feste-Beziehungs- oder Ehe-Betten ist davon nichts mehr zu spüren. Man muss sich nur einmal im Internet umhören, wo die Menschen freigiebig anonym intime Dinge preisgeben. Ein großer Teil der Beziehungen ist sexuell gesehen auf Dauer unerfüllend (zumindest für einen der Partner). Das liegt zum einen an der Erziehung und zum anderen an der mangelnden Kommunikation, wobei letzteres das Entscheidende ist, denn die Erziehung können wir nachträglich nicht mehr ändern. Wir können uns aber – und sollten es auch – mit unserer Sexualerziehung, die hauptsächlich außerhalb des Elternhauses stattfand, auseinandersetzen. Doch vorher noch eine Anmerkung: Stillstand ist Rückschritt. Das gilt nicht nur in der Betriebswirtschaft und im Militär, das gilt auch bei der Durchsetzung von neuen revolutionären Werten. Und seit mindestens einem Jahrzehnt geht nichts mehr vorwärts. Stattdessen weht ein kräftiger Gegenwind zurück zu alten Rollenbildern.

Das Mädchen wird – meist durch die Bravo - frühzeitig (etwa ab dem 11. Lebensjahr) auf alle technischen Eventualitäten der ersten sexuellen Erfahrungen vorbereitet. Auf was sie nicht vorbereitet wird ist, ihre eigene Sexualität zu entdecken (denn die wurde ihr ja meist schon im Kleinkindalter verboten), ihre Vorlieben herauszufinden, ein körperliches Selbstbewusstsein zu entwickeln, was auch einschließt, mit dem ersten Sexualpartner über all diese Dinge so zu reden, dass sie wirklich verstanden wird. Womit vor allem noch nicht aufgeräumt wurde, ist die passive Rolle des Mädchens. Sie „erwartet" ihren ersten Geschlechtsverkehr als ein „Ich lasse ihn ran.", als ein „Er darf." Kaum zu glauben, dass sich das immer noch nicht spürbar geändert hat. Wie wäre es mit einem: „*Ich* darf endlich meinen Körper entdecken, und zwar gemeinsam mit einem Jungen, der mir viel bedeutet." oder einem „Ich darf endlich mal einen tollen Jungenkörper anfassen und liebkosen, wovon ich schon so oft geträumt habe." Was hätten die `68er dazu gesagt?

Der Junge muss – um in der Schule und der Freizeitgruppe anerkannt zu sein – nicht nur cool sein, sondern auch sexuelle Sprüche machen. Irgendwann kreisen die ersten Porno-Heftchen, und jeder Junge träumt davon, einiges von dem dort Gesehenen in die Tat umzusetzen. Hat er dann tatsächlich eine Freundin, muss er seinen Kumpels „Erfolgserlebnisse" berichten, ganz egal, ob sie stattgefunden haben oder nicht. Kaum ein Junge kann es sich seinen Kumpels gegenüber leisten, über echte Gefühle zu reden, über das langsame und zärtliche Entdecken des weiblichen Körpers. Dieser Zwiespalt zwischen dem verschmusten Liebhaber und der nach außen zu spielenden Coolness kann die junge Beziehung sehr belasten. Von Seiten seiner Freundin wird von dem Jungen erwartet, dass er „alles kann", obwohl es für ihn auch die ersten Erfahrungen sind. Er wird in die aktive Rolle gedrängt, was ihm jedoch wahrscheinlich leichter fällt als dem Mädchen, denn er kennt sein Geschlechtsorgan einfach besser als sie ihres: Auch wenn es sich banal anhört: Er hat seinen Penis sehr viel öfter gesehen und angefasst als das Mädchen ihre Geschlechtsorgane. (Auch wenn es grammatikalisch falsch ist: von dem Mädchen und „seinen" Geschlechtsorganen zu reden, ist doch absurd.) Er hat schon als kleiner Junge gelernt, täglich selbstverständlich und unverkrampft mit seinem Geschlechtsteil umzugehen, während das Mädchen sich höchstens von Zeit zu Zeit mal mit ihren Geschlechtsorganen auseinandergesetzt hat. Die Folge: Viele erwachsene Frauen können immer noch nicht unverkrampft mit ihrer Klitoris umgehen (Ist es da ein Wunder, dass es ihre Männer auch nicht können? Von wem sollen sie es denn lernen?).

Was ist nun, wenn wir uns als erwachsenes Paar gemeinsam entscheiden, dass wir ein Kind bekommen möchten? Es gibt viele Gründe dafür:

- o Es läuft im Bett sowieso nicht mehr so, weil alles zur Routine geworden ist. Also kann man ruhig noch einen Grund dazugesellen, keine Sexualität mehr leben zu „müssen".
- o Die Frau ist unglücklich im Beruf, möchte am liebsten aufhören und sucht einen gesellschaftlich akzeptierten Grund dafür.
- o Das neue Elterngeld.

Aber Spaß beiseite: Stellen wir uns vor, es ist wirklich alles schön und harmonisch in der Partnerschaft, und weil man vor Liebe zerspringt, wünscht man sich, dass sich diese Liebe inkarniere[23] zu einem neuen Erdenbürger oder einer neuen Erdenbürgerin.

---

[23] schönes Wort, nicht? Auf Deutsch: verfleischliche

Das ist erst einmal eine Entscheidung, ein Kind zu wollen. Weiter nichts. Aus dem Kopf oder dem Bauch heraus, egal, auf jeden Fall nur Theorie. Denn alles Weitere hat man nicht so richtig in der Hand. Jedenfalls nicht so, wie man es in unserer Welt, die vorgibt, alles sei planbar und vorhersagbar, gewohnt ist, etwas in der Hand zu haben. Wie schon gesagt, ich kann entscheiden, mir einen neuen DVD-Player zu kaufen: Dann erkundige ich mich, fahre in einen Laden, und muss im allerschlimmsten Fall vielleicht eine Woche warten, weil ich mir ein ganz ausgefallenes Modell ausgesucht habe, das nicht vorrätig war. Und in dieser Welt, in der man schon im Alter von 30 Jahren seinen Rentenanspruch ausrechnen kann, entscheidet man sich dafür, ein Kind zu zeugen. Und meint, das sei das einfachste von der Welt. Schließlich hatte man vorher immer verhütet, um *kein* Kind zu bekommen, also muss man im Umkehrschluss ja ein Kind bekommen, sobald man nicht mehr verhütet. Dann geht es los, das Warten auf die Schwangerschaft. Nachdem die Frau also 10 bis 30 Jahre lang gebangt hatte: „hoffentlich nicht", dreht sich das Bangen nun um in: „hoffentlich". Was hat sich also geändert? Nicht viel. Vorher war es die Frau, die sich hauptverantwortlich fühlte, nicht schwanger zu werden, weil sie sonst die Hauptbetroffene aller erdenklichen Folgen wäre. Und jetzt ist es wieder die Frau, die am meisten Gefühle in diese Möglichkeit der Schwangerschaft hineinlegt, die am liebsten schon direkt nach dem Geschlechtsverkehr die Gewissheit hätte, dass es geklappt hat, denn es hängt für sie am seidenen Faden: Darf sie sich nun einstellen auf höhere Dosen von Glückshormonen, körperliche Veränderungen, die Intensivierung alter Frauen-Freundschaften, das Wagnis des ersten Besuchs der Umstandsmoden-Abteilung in ihrem Lieblingskaufhaus, das Gefühl, Mutter zu werden, endlich mitreden zu können mit den anderen Müttern, aufgenommen zu werden im Club? Darf sie den Geburtstermin berechnen, das

Einschulungsjahr und das Renteneintrittsalter ihres Spröss-lings? Oder wird alles so sein wie die letzten 10 bis 30 Jahre: Es blutet, schmerzt etwas, aber tief im Innern ist man heilfroh, dass man dieser Verantwortung doch für einen weiteren Monat seines Lebens aus dem Weg gegangen ist, und es werden Pläne geschmiedet, was man in diesem unge-plant weiteren Monat des Lebens als Nicht-Mutter noch alles tun könnte, wofür es danach vielleicht zu spät ist. Ein bisschen anders als die Jahre zuvor ist es aber doch: Wenn sich die Frau ihren Zustand des „ungewollt nicht schwanger seins" so richtig bewusst gemacht hat, kommt die unaus-weichliche Traurigkeit. Die hormonelle Umstellung beim Eintritt der Monatsblutung hat die Frau zwar schon weit über hundert Mal erlebt, aber sie hat vorher nicht emotional gespürt, was dort eigentlich passiert ist: Entweder es hatte in diesem Zyklus gar keinen Eisprung gegeben - was durchaus vorkommen kann - oder die Eizelle ist nicht befruchtet worden, weil sie in den wenigen Stunden ihrer Fruchtbarkeit nicht mit lebenden Spermien in Berührung gekommen ist. Oder – was mit 50% aller befruchteten Eizellen passiert – sie hat sich nicht eingenistet oder ist während ihrer Einnistung abgestorben. Und kein Mensch weiß warum. Ist eine Schwangerschaft geplant, liegt die Wahrscheinlichkeit, dass es klappt, selbst dann bei weniger als 50%, wenn der Ei-sprung genau getroffen wurde. Den Eisprung genau zu be-stimmen, ist jedoch oft gar nicht so einfach. Außerdem hat man als Paar ja auch eigentlich keine Lust, nach Kalender oder Temperaturkurve ein Kind zu zeugen, denn irgendwie soll er schon ein ganz besonderer sein, dieser Zeugungsakt, aus dem ein neues menschliches Leben entstehen kann…
Hier tut sich das erste Dilemma auf: Zwischen der mystifi-zierten, nahezu heiligen Erzeugung neuen Lebens und der sonst so planbar wirkenden, kalten materiellen Welt.

Nun ein paar Anmerkungen zur Kommunikation in der Partnerschaft: Es gibt tatsächlich Paare, die trennen sich nach sechs Jahren Beziehung und stellen im Trennungsgespräch fest: „Du wolltest doch keine Kinder haben!" – „Was? Ich dachte, du wolltest nicht!" Tja, schade. Ein Missverständnis mit weit reichenden Folgen. Denn jetzt ist es zu spät. Vielleicht wäre die Partnerschaft anders verlaufen, wenn dieses Paar schon innerhalb der Beziehung so miteinander geredet hätte, dass bei dem Partner auch das angekommen wäre, was der andere Partner gemeint hat. Kommunikation ist schwierig. Sie erfordert Übung und ein gewisses Maß an kritischer Selbstreflektion. Sie erfordert den Wunsch, sich in den anderen hineinzudenken, ihn wirklich zu verstehen. Außerdem braucht sie Beharrlichkeit und auch nach Rückschlägen die hoffnungsvolle Vision: „Wir werden es schaffen! Irgendwann werden wir uns verstehen. Werden ein bisschen wissen, wie der andere denkt und fühlt, auch wenn wir uns fast nicht vorstellen können, dass man so verschiedene Gehirnstrukturen haben kann, solch eine unterschiedliche Art der Informationsaufnahme, –verarbeitung, und –speicherung." Es gehört ein gehöriges Maß an Interesse an sich selbst dazu, eine Neugier, ein Wissensdurst, ein Kennenlernen-Wollen. Kurzum: Man muss *leben*, sich also verändern und nicht still am Alten festhalten. Stehen bleiben freilich (was einem innerlichen Sterben gleichkommt) ist bequemer. Es sind viele gute Bücher geschrieben worden über Gefühle, die Unterscheidung der eigenen Gefühle von den eigenen Bedürfnissen, die Formulierung von Ich-Botschaften und die Umwandlung von negativer „Angriffs-Energie" in positive „Antwort-Energie". Ich möchte Sie an dieser Stelle aufmuntern, sich damit (noch einmal) zu beschäftigen. Und denken Sie stets daran: Im Endeffekt – egal, wie schwer das Missverständnis oder der Streit auch sein mag – möchte jeder Mensch vor allem geliebt werden.

8. Der Orgasmus der Frau

Liebe Männer, wie würden Sie die weibliche Sexualität definieren? Kennen Sie ihre anatomischen Voraussetzungen? Wissen Sie, wo die Klitoris liegt, wie groß sie ist, welche Form ihre von außen sichtbare Spitze hat und welche ihr Schaft? Wissen Sie, wo der Klitoris-Schaft verläuft und wie er sich bei Erregung verändert? Ich zähle auf Sie! Selbstverständlich wissen Sie das alles. Denn Sie pflegen mit Ihrer Partnerin eine gute Kommunikation und haben es von ihr gelernt bzw. mit ihr gemeinsam herausgefunden. Nur für den unwahrscheinlichen Fall, dass Sie zu der Minderheit der schätzungsweise 90% der Männer auf der Erde gehören, die hier ein Wissens-Defizit haben, füge ich hier ein kleines Wiederholungs-Kapitel ein. In Deutschland scheint es zur „Kür" zu gehören, sich mit der weiblichen Anatomie richtig auszukennen. In anderen Ländern sind die Menschen aber noch weit davon entfernt, die „Pflicht" zu erfüllen, denn oftmals kennen dort selbst die Frauen ihren eigenen Körper nicht. In Ägypten gibt es nach wie vor Frauen, die denken, ein Mann könnte nicht mit ihnen schlafen, wenn *nicht* ihre Klitoris-Spitze abgeschnitten wäre: Mit anderen Worten: Sie sind davon überzeugt, dass die Verstümmelung der Mädchen notwendig für die Vollziehung des Geschlechtsverkehrs sei. Das ist so schlimm, dass mir die Worte wegbleiben.

In Deutschland geht es damit verglichen „nur" um die Befriedigung der sexuellen Lust der Frau. Und die wurde bis vor wenigen Jahrzehnten als völlig unwichtig, ja noch nicht einmal als erwähnenswert angesehen! Die Klitoris wurde in den Anatomie-Büchern der 1950er Jahre nicht erwähnt! Die Wissenschaftler, die seit eh und je den Anspruch auf Seriosität haben und aufgrund der Familienpolitik durchweg männlich waren, haben dieses Organ schlichtweg verleugnet.

Es existierte nicht! Weil „man" es nicht „brauchte". Während der Penis genau erforscht wurde und auch Erektions-Schwierigkeiten im Detail untersucht wurden, machte die Klitoris niemals Probleme. Es war in der seriösen, patriarchalen Welt nicht wichtig, dass die Frau einen Orgasmus bekommt. Also gab es auch offiziell keine Störungen oder Krankheiten dieses Organs. Denn wichtig ist nur das, was erforscht wird. Und erforscht wird nur das, was als wichtig erachtet wird. Punkt. Die Forschung über die Klitoris steckt tatsächlich auch im Jahr 2008 noch in den Kinderschuhen und wird – wen wundert es – hauptsächlich von weiblichen Medizinerinnen betrieben. In Meyers Taschenlexikon aus dem Jahr 2003[24] findet sich über den Penis zum Beispiel ein Artikel über zweieinhalb Spalten mit einer detaillierten Abbildung. Unter dem Stichwort „Klitoris" findet man lediglich einen Verweis auf das Stichwort „Kitzler", wo dem Leser der folgende kurze Eintrag begegnet: *„das dem Penis homologe, jedoch sehr viel kleinere, aus dem Geschlechtshöcker hervorgegangene, schwellfähige Geschlechtsglied der ♀ Säugetiere. Beim Menschen besteht der Kitzler (als wichtigste erogene Zone) aus zwei Schwellkörpern und der Eichel. Die Vorhaut wird durch die zusammenstoßenden kleinen Schamlippen gebildet."* Immerhin! Es steht etwas darin! Wenn auch die Titulierung „sehr viel kleiner" sehr übertrieben ist, wie wir sehen werden. Und dass der Eintrag unter dem umgangssprachlichen, etwas verniedlichenden und unseriösen Wort „Kitzler" anstatt unter dem Fachausdruck „Klitoris" steht, ist ebenfalls bezeichnend. Den Penis nennen wir ja auch nicht „Schüttler" oder „Wichser".

Als Leser dieses Buches wissen Sie natürlich, dass die Klitoris kein „kleiner, unscheinbarer Gnubbel" ist und dass die Klitoris-Spitze – für die man die Bezeichnung „Kitzler"

---

[24] Meyers Grosses Taschenlexikon in 24 Bänden

eventuell noch gelten lassen könne – oftmals mit der gesamten Klitoris verwechselt wird.[25] Sie wissen, dass die Klitoris aus einem zweigeteilten Schaft – der sich beidseitig am Rand des Scheideneingangs befindet – und der Klitoris-Spitze samt Vorhaut besteht, dass Schaft und Spitze zusammen ca. 10 cm lang sind und aus Schwellkörpern bestehen. Bei Erregung schwillt die gesamte Klitoris an, die Klitoris-Spitze stellt sich auf und ragt nun gut sichtbar aus der Vorhaut heraus. Da die Klitoris-Spitze mit einer viel dünneren Haut überzogen ist als der Schaft, ist sie extrem berührungsempfindlich (und daher im unerregten Zustand von der Vorhaut geschützt). Bei der Stimulation der Klitoris-Spitze muss man daher behutsam vorgehen, um keinen Schmerz auszulösen. Doch mit einer guten Partner-Kommunikation und ein bisschen Massageöl ist der Frau ohne viel Aufwand eine riesige Lust samt bombastischen Höhenflügen zu bereiten. Der Schaft hingegen ist mit normaler Haut überzogen und daher für stärkere Berührungen empfänglich.

Die Klitoris unterscheidet sich weit weniger von einem Penis, als man meinen könnte, wenn man nackte Männer und Frauen rein äußerlich miteinander vergleicht. Der eine grundlegende Unterschied besteht darin, dass die Klitoris zum größten Teil nicht nach außen hervorragt und daher nicht in ihrer Ganzheit als eigenes Organ sichtbar ist. Der andere grundlegende Unterschied ist darin zu sehen, dass die Penis-Spitze (Eichel) um einiges größer als die Klitoris-Spitze

---

[25] Dies ist auch Gunnar Heinsohn in seinem Buch „Söhne und Weltmacht", Zürich, 8. Auflage 2006 passiert, in dem er auf Seite 113 von „Klitorisentfernung" im südsaharischen Afrika spricht und dieses Stichwort auch in das Register am Ende des Buches aufnimmt. Auch den Korrekturlesern und den Lektoren im orell füssli-Verlag in Zürich ist dieser Fehler offensichtlich nicht aufgefallen.

(die ebenfalls als Eichel bezeichnet wird) und von daher weitaus unempfindlicher ist, da sich die Nervenenden auf eine größere Oberfläche verteilen. Zur Verdeutlichung für männliche Leser: Stellen Sie sich eine angenehm sanfte direkte Berührung Ihrer Eichel vor. Haben Sie? Und nun stellen Sie sich vor, Sie würden dies viermal so intensiv empfinden. So kann man sich in etwa das Empfinden einer Frau während der Berührung ihrer Klitoris-Spitze vorstellen. Es gibt jedoch Frauen, die das niemals erleben, weil sie dabei Schmerz empfinden und weder allein noch mit ihrem Partner an einer Verbesserung der Technik arbeiten sondern lieber aufgeben. Ich weiß nicht, weshalb sie aufgeben. Wenn ich als Kind mühsam Geige lernen muss, dann gebe ich vielleicht irgendwann auf, wenn es mir keinen Spaß mehr macht und der Aufwand zu groß ist. Aber wenn es um die eigene Lust geht? Wenn man die eigenen körperlichen Möglichkeiten gar nicht ausreizt, hat das etwas mit Selbstbestrafung durch Unterlassen zu tun.

Und nun beantworten Sie mir bitte die Frage, warum um alles in der Welt bis heute die Fehleinschätzung vorherrscht, Frauen hätten ein geringeres sexuelles Bedürfnis als Männer? Das ist nicht nur falsch, es ist sogar umgekehrt: Die Frau ist körperlich empfindungsfähiger. Wenn sie dies nicht auslebt, dann liegt das entweder an gesellschaftlichen Normen, die sie übernommen hat oder an einer Unterordnung unter einen Mann, der ihr keine Entfaltung ihrer Sexualität erlaubt. Sexualität ist ein Bereich der Persönlichkeit. Daher ist die freie Entfaltung der Sexualität in Deutschland im Artikel 2 des Grundgesetzes geschützt. Das ist beruhigend. Wie gut, dass ich in Deutschland lebe. Übrigens kenne ich tatsächlich wenige Paare, bei denen der Mann ein größeres sexuelles Bedürfnis hat, also gern öfter Sex hätte als die Frau. Meistens ist es umgekehrt. Dies ist zwar kein repräsentativer Durchschnitt, aber immerhin ein Indiz.

Eine Frau, die ihre Sexualität entdecken und ausleben will, trifft bei ihrem Partner nicht immer auf offene Ohren. Das ist auch verständlich, denn sobald der Mann den Eindruck bekommt, er müsse etwas Schwieriges leisten, und die Frau wisse noch nicht einmal selbst, was sie will, ist das für ihn wenig motivierend. Deshalb ein Satz an alle Frauen, die in diesem Punkt bisher zögerlich waren: Finden Sie heraus, was Ihnen Spaß macht und machen Sie es ihrem Partner schmackhaft, mit Ihnen zusammen Dinge auszuprobieren, die Ihnen Lust bereiten. Dann hat auch er Lust daran. Denn jeder Mann freut sich, wenn er seine Partnerin befriedigen konnte. Außerdem ist das gut für sein Ego.

Noch einmal: Frauen haben – dank der vielen Nervenenden, die sich an ihrer Klitoris-Spitze auf engstem Raum befinden - eine größere sexuelle Empfindungsfähigkeit als Männer. Männer können körperlich keine minutenlangen Dauer-Orgasmen erleben. Frauen können das. Den Männern fehlt an dieser Stelle etwas, und weil Frauen schon seit Jahrmillionen so bescheiden sind und sich unterdrücken lassen, wagen sie es nicht, das so deutlich zu sagen: Männer haben sexuell ein körperliches Defizit gegenüber den Frauen. Warum wird das so selten bis nie ausgesprochen? Jetzt muss ich wieder den Polemik-Knopf drücken, um es angemessen deutlich machen zu können: Sagen wir es den Männern nicht, um sie zu schonen und ihr Selbstbewusstsein nicht anzuknacksen? Aus Angst vor einer abermaligen Unterdrückung? Wagen es einige Frauen nicht, ihre Sexualität weiter zu entdecken, weil sie dann empfindungsmäßig über dem Mann stehen würden? Nehmen sie Rücksicht auf Eitelkeiten, die eventuell verletzt werden könnten? Das ist sehr dumm, denn es bringt im Endeffekt niemanden weiter: Die Frau bleibt unzufrieden und der Mann kann nichts dazulernen.

Dazu ein Beispiel aus einem ganz anderen Bereich, das aber nach einem ähnlichen Prinzip abläuft: Neulich in einem Provinz-Städtchen: Ehrung der besten Absolventen der Berufsakademie im Fach Wirtschaftsinformatik. Die Beste: eine Frau. Die Beste im Fach BWL: eine Frau. Die beste Absolventin bei der Dachdecker-Innung: die einzige Frau im Jahrgang. (Zur Unpräzision der deutschen Sprache: Man könnte auch schreiben: *„die* Beste war eine Frau", und damit meinen, dass natürlich – als Zirkelschluss – *die* Beste eine Frau sein muss. Jedoch kann ich auch nicht schreiben: *„der* Beste war eine Frau", weil die Frau nicht männlich ist. Gemeint ist: Es gab acht Absolventen, darunter eine Frau, und die beste Abschlussnote dieser acht Absolventen hatte die Frau.) Diplomierung der Finanzwirte und Finanzwirtinnen an der Steuerakademie: Die drei Jahrgangsbesten sind weiblich. Aber die Redner in dieser Feierstunde sind „naturgemäß" alle männlich. Soweit die Tatsachen. Nun kann man daraus zwei Schlüsse ziehen:

1. Frauen sind intelligenter als Männer. Herrje, welch ein Emanzen-Satz? Niemand wagt, das auszusprechen. Politisch korrekt ist: Frauen und Männer sind gleich intelligent. Die Frauen haben es nicht nötig, sich als Gegenbewegung zur jahrtausendelangen Unterdrückung durch fehlende Bildungsmöglichkeiten nun über die Männer zu stellen. Weil sie emotional nämlich intelligenter sind und sehr geduldig, weil sie geliebt werden und nicht als kratzbürstige Emanze dargestellt werden wollen. Aber was ist denn Intelligenz? Intelligenz beinhaltet eben auch, sich auf

eine Prüfung vorbereiten zu können. Auch das logische Denken und die Schnelligkeit bei der Erfassung und Bearbeitung der Prüfungsaufgaben sind Teilgebiete der Intelligenz. Warum wagt man es nicht zu sagen, dass Frauen darin besser sind? Umgekehrt hingegen gibt es immer noch Männer, die behaupten: „Die Tatsache, dass Frauen als Physikerinnen schlechter sind als ihre männlichen Kollegen sieht man ja schon daran, dass alle großen Physiker in der Geschichte männlich waren." Wenn eine Frau im 19. Jahrhundert nur vier Jahre zur Schule gegangen ist und ansonsten die Zeit damit verbringen musste, für ihre Geschwister zu kochen, zu putzen und Wäsche zu waschen, dann ist es klar, dass aus ihr keine Physikerin geworden ist. Aus einem Mann, der nur vier Jahre zur Schule geht und sonst ausschließlich kocht, putzt und Wäsche wäscht, wird auch kein Physiker. Trotz dieser Aneinanderreihung von Selbstverständlichkeiten ist es immer noch nicht selbstverständlich, dass Frauen sagen dürfen: Ich habe den besseren Abschluss gemacht, also bin ich intelligenter als mein männlicher Kollege.

2. Die besten Absolventinnen werden in 20 Jahren auf einer ähnlichen Feier mit Sicherheit nicht die Festrede halten, weil sie Finanzpräsidentinnen oder Akademieleiterinnen sind. Selbst wenn man ihnen als „fleißige Bienchen" im Zeitpunkt ihres Abschlusses noch ein hohes Maß an Intelligenz zuerkennt. Spätestens nach der Geburt des ersten Kindes ist das vorbei. Was hat man für ein Bild von einer Mutter im Kopf: Sie denkt nur noch an ihr Kind, organisiert den ganzen Tag Windel-Einkäufe, Schulaufgaben,

Kindergartenfeste oder ähnliches, ist lieb und nett, aber – ich bitte sie – doch nicht mehr intelligent! Eine Mutter hat doch nicht Wirtschaftsinformatik im Kopf oder Steuerrecht! Das ist doch jetzt auch gar nicht mehr nötig, jetzt, da sie Kinder hat und ihre ursprüngliche und natürliche Rolle gefunden hat. Ja, liebe Leser, das ist provokativ. Aber es würde hier nicht schwarz auf weiß geschrieben stehen, wenn jeder wüsste und verinnerlicht hätte, dass das Quatsch ist, und wenn niemand das im alltäglichen Miteinander aussprechen würde. Es ist traurig, dass schon allein aufgrund ihres Geschlechtes feststeht, dass die Jahrgangsbesten keine Karriere machen werden. Es sei denn – und da sind wir wieder beim Thema – sie blieben kinderlos.

Nach diesem Exkurs wieder zurück zum Ausgangspunkt. Die Frau wagt also kaum, ihrem Partner zu sagen, dass sie sexuell mehr bzw. intensiver empfindet als er. Sie will ihm nicht zu nahe treten, nimmt Rücksicht und stellt so ihr Licht unter den Scheffel. Frauen haben es bis heute nicht geschafft, ihre weibliche Sexualität ins öffentliche Bewusstsein zu tragen. Sex und Geschlechtsverkehr gilt im allgemeinen Sprachgebrauch immer noch als dasselbe. Und in vielen Beziehungen *ist* Sexualität und Geschlechtsverkehr auch wirklich ein Synonym (die genaue Prozentzahl wird man wohl niemals herausfinden, denn die einzige Möglichkeit, an Daten zu kommen, sind Fragebögen, und wer gibt schon – selbst wenn diese anonym sind – gern ehrliche Antworten). Nun ist dem Mann beim Geschlechtsverkehr der Orgasmus so gut wie sicher, der Frau aber keinesfalls. Und trotz aller Aufklärung und der vor 40 Jahren so verheißungsvoll begonnenen sexuellen Emanzipation ist diese leider nicht wirklich im Sexualleben angekommen. Viele (wahrscheinlich weit mehr als die Hälfte) aller deutschen, aufgeklärten Frauen (bei unterdrückten Frauen anderer Kulturen wohl annähernd 100%) erleben beim Geschlechtsverkehr nie einen Orgasmus. Und praktizieren den Geschlechtsverkehr trotzdem: Um dem Mann körperlich nah zu sein, um seine Haut zu spüren, um ihn in sich zu spüren. Es ist auch tatsächlich ohne Orgasmus schön. Es ist nur nicht befriedigend. Dabei ist die Frau fähig, während des Geschlechtsverkehrs Orgasmen zu erleben. Aber die wenigsten Frauen tun das. Denn es bedarf dazu einiger Übung, eines starken Willens und eines Partners, der nicht darauf besteht, zu jeder Zeit die Führung zu übernehmen. Die meisten heute älteren Damen sind noch in einer Zeit aufgewachsen, in der der gesellschaftliche Druck bis ins Schlafzimmer reichte. Wir erinnern uns: Bis 1969 war der Geschlechtsverkehr eine eheliche Pflicht, die beide Partner zu erfüllen hatten, wenn es der jeweils andere Partner wollte. Von der Pflicht zur sexuellen Befriedigung stand „natürlich" nichts im Ehegesetz, und so war zwar dem Ehemann seine körperliche Befriedigung quasi garantiert, der Frau aber nur ein „Erdulden-Müssen", das wohl in den meisten Fällen ohne Orgasmus ablief. Die heute ganz jungen Frauen müssen ihre Orgasmus-Fähigkeit erst ausbilden und erlernen, denn – das sagen die aktuellen Forschungen aus – eine Frau muss, im Gegensatz zum Mann, ihre Orgasmus-Fähigkeit üben. Zudem gibt es viele Frauen ohne feste Partnerbeziehung. Bei One-Night-Stands oder „Affären" kommt der Übungseffekt wahrscheinlich zu kurz, zumal die Fähigkeit, einen Orgasmus zu erleben, auch viel mit einem geistigen Sich-fallen-lassen und Vertrauen zu tun hat. Zieht man noch die vielen festen Partner-Beziehungen ab, in denen die Routine gesiegt hat und keine Weiterentwicklung mehr stattfindet, dann kann man so ungefähr erahnen, wieviel Prozent der Frauen hierzulande ein befriedigendes und orgasmenreiches Sexualleben haben.

Vor vielen Jahren las ich einmal, Frauen sollten beim Geschlechtsverkehr kurz vorm Orgasmus des Mannes ihren Muskelring um den Scheideneingang (Beckenboden) anspannen, weil das den Penis-Schaft zusätzlich stimulieren und den Mann ganz verrückt machen würde. Das Absurde daran: Das war wieder ein Ratschlag aus der männlichen Perspektive. Denn wenn eine Frau ihren Beckenboden auf die Art und Weise anspannt, die sie selbst benötigt, um einen Orgasmus zu bekommen, dann ist das exakt dieselbe Stimulation, die dem Mann auch gefällt. Nur mit dem Unterschied, dass sie es für sich bzw. für beide tut und nicht nur für ihn…

Was bei meinen Ausführungen hoffentlich deutlich geworden ist: Eine Frau kann beim Geschlechtsverkehr nur schwer einen Orgasmus bekommen, wenn sie völlig passiv ist. Sie muss schon auf sich selbst achten, ihren Partner von Zeit zu Zeit liebevoll dirigieren, die Führung übernehmen und wieder abgeben und sich im entscheidenden Moment das „holen", was sie braucht. Anstatt über einen eventuell wenig einfühlsamen Partner zu jammern muss sie das Zepter schon selbst in die Hand nehmen. Denn mit der Sexualität ist es wie mit dem gesamten Leben: Leben heißt aktive Veränderung, und Stillstand ist Rückschritt.

Die Intensität der sexuellen Lustempfindung (und damit auch die Stärke der Orgasmen) ist bei Frauen stark vom Hormonpegel abhängig, nimmt außerdem mit der Häufigkeit der sexuellen Übung zu und kann sich bei beruflichem oder privatem Stress verringern. In den ersten Wochen einer Schwangerschaft ist sie bei den meisten Frauen verringert. Da wundert es nicht, dass auch hormonelle Empfängnisverhütungsmittel, welche dem Körper eine Schwangerschaft vortäuschen (wie z.B. die Antibaby-Pille), die sexuelle Empfindungsfähigkeit hemmen. Dies ist deshalb so folgenschwer, weil die meisten Frauen hormonelle Verhütungsmethoden anwenden, weshalb sich das Vorurteil, Frauen würden schwer zum Orgasmus kommen, hartnäckig hält. Für den Nutzen, nicht ungewollt schwanger zu werden, zahlen sie einen hohen Preis: Nicht nur die sexuelle Empfindsamkeit wird gestört, auch gerät der gesamte natürliche Hormonhaushalt der Frau so durcheinander, dass es nach der langjährigen Einnahme der Pille (o.ä.) schwierig für sie wird, auf natürliche Weise schwanger zu werden, was ein schwerwiegender Mit-Grund für die sich immer weiter ausbreitende ungewollte Kinderlosigkeit ist. Der natürliche Hormonhaushalt scheint dauerhaft „beleidigt" zu sein, wenn er jahrelang ausgeschaltet wurde, außerdem kann es zu Folgeerkrankungen z.B. im Schilddrüsenhormon-Haushalt kommen. Wieder einmal ist es also die Frau, die die Verantwortung, die Risiken und Nebenwirkungen der Empfängnisverhütung, auf sich nimmt. Die Forschung an der „Pille für den Mann" ist in Deutschland eingestellt worden, weil sie ebenfalls die Nebenwirkung der verminderten sexuellen Empfindungsfähigkeit hatte. Beim Mann ist dies offensichtlich ein Ausschlusskriterium, bei der Frau nicht.

Es gibt mit Sicherheit auch Menschen, die ihr Glück finden, ohne ihre Sexualität auszuleben. Ja, möglicherweise ist es für viele Menschen sogar ein heilsamer Weg, eine Zeit lang ganz darauf zu verzichten. Wer jedoch Sexualität in einer für beide Partner befriedigenden Form erlebt, erlebt während des innigen, durchflutenden Körperkontaktes geistige und „seelische" Verarbeitungs- und Entspannungs-Prozesse, die auf anderen Wegen nicht so leicht zu erreichen sind. Ähnliches geschieht mit einiger Übung sicherlich auch bei einer Meditation. Jedoch wird man diesen „Kick", das ganz Eins-Sein mit „seinem Körper, seinem Geist und seiner Seele", während man seinen Körper ganz und gar durch und durch spürt, bei einer Meditation niemals erleben, da man bei der Meditation ja gerade versucht, den Körper weitestgehend zu vergessen. Dieser rein geistig-seelische Weg mag ein Weg sein. Ich bin jedoch der Überzeugung, dass wir unseren Körper nicht nur haben, um anderen von unserem geistigen Weg zu berichten, wie es einige Buddhisten meinen. Wir *sind* nicht ausschließlich unser Körper, da stimme ich den Buddhisten zu. Aber wir *haben* nun einmal unseren Körper. Und da es eine Finalität zwar in der kirchlichen Vorstellung gibt (wir sind erschaffen worden, *um* einen bestimmten Zweck zu erfüllen oder ein bestimmtes Ziel zu erreichen), aber nicht in der Natur, sehe ich keinen Sinn darin, meinen Körper zu verleugnen oder die ihm innewohnenden Möglichkeiten nicht zu nutzen. Er ist nun einmal da. Und er kann Dinge tun und empfinden, die ein reines Geistwesen (dessen Existenz man sich unschwer vorstellen kann und welches man vielleicht Engel nennt) nicht empfinden kann. Wenn ich ein Engel wäre, würde ich sagen: „Hey, ihr Menschen, ihr habt es so gut! Ihr habt Sinnesorgane, ihr könnt ein leichtes Kribbeln auf der Haut spüren, und ihr könnt sogar ein wahnsinnig intensives Durchfluten eures gesamten Körpers spüren. Nutzt das aus! Wenn ihr gestorben und wieder ein Geistwesen seid, könnt ihr das nicht mehr! Okay, *alle* Möglichkeiten in eurem Leben könnt ihr nicht nutzen, weil ihr immer nur zu einer Zeit an einem Ort sein könnt. Aber *diese* Möglichkeit, die im wahrsten Sinne des Wortes so nahe liegt, die sollte man doch wirklich nutzen, wenn man sich später nach dem Tod nicht sehr über diese verpasste Chance ärgern möchte. Denn dann bleibt einem nichts anderes mehr übrig, als sich wieder einmal fest vorzunehmen, sich im nächsten Leben an die eigenen Worte zu erinnern und diese wunderbar einmalige Möglichkeit des Erlebens körperlicher Wonnen zu nutzen und auszubilden…"

9. Haben wir einen freien Willen?

Diese Frage stellen sich die Menschen schon seit der Antike, und bis heute haben weder Philosophen noch Neurobiologen eine allgemein gültige Antwort darauf gefunden. Man fragt sich also erstens „Was ist frei?“ und zweitens „Was ist Wille?“. Das mit der Freiheit ist schon einmal so eine Sache. Frei im Sinne von im Vakuum schwebend, körperlos und somit ohne genetische Information sind wir schon mal nicht. Wir sind nun einmal in unserem System der körperlich-genetischen Möglichkeiten gefangen. Was wir uns also fragen müssen ist: Wie eng sind diese Grenzen, in denen wir uns bewegen? Sind sie starr oder änderbar, und haben wir die Grenzen schon zu Genüge ausgetestet?

Ein kleines Beispiel: Die maximale Tiefe der Sprechstimme ist durch die Länge der Stimmbänder festgelegt. Der tiefstmögliche Ton ist der, bei dem die Stimmbänder in ihrer gesamten Länge schwingen (je länger der schwingende Bereich ist, desto tiefer ist der Ton). Daraus schließen aber zumeist Frauen, sie könnten gar nicht tiefer sprechen oder singen, als sie es im Alltag tun. Und das ist schlichtweg falsch: Denn die maximale Tiefe der Stimme liegt viel weiter von der alläglichen Sprechstimme entfernt, als man denkt. Jeder kennt den Effekt, dass er plötzlich tiefer sprechen kann, wenn er heiser ist. Bei Frauen senkt sich oft die Sprechstimme, wenn sie älter werden. Und in einer Sprech- oder Gesangsausbildung kann man lernen, seine Stimme zu senken. Was dieses Beispiel nur verdeutlichen soll: Es *gibt* zwar eine Grenze, aber die ist viel weiter entfernt, als man gemeinhin annimmt (Nach oben hin gibt es übrigens keine feststehende Stimm-Grenze. Es wird nur, je höher man kommt, immer schwieriger, diese Stimme auszubilden, zu kontrollieren, oder gar „schön“ mit ihr zu singen.)

Ein zweites Beispiel, was viel wesentlicher in unserem Alltag ist: Natürlich gibt es Grenzen der körperlichen Leistungsfähigkeit, zum Beispiel der Muskelkraft. Aber auch diese Grenze ist sehr viel weiter entfernt, als man gemeinhin denkt. Viele Frauen denken zum Beispiel, es hätte keinen Sinn, körperlich gegen einen männlichen Angreifer anzukämpfen, weil er sowieso stärker sei. Das ist aber ein fataler Trugschluss, denn in einer Notsituation kann man seine Muskelkraft punktuell viel effektiver einsetzen und ist um ein Vielfaches stärker als im Alltag, wenn es zum Beispiel um das Tragen von Möbeln geht. Ein Angreifer ist niemals in einer Notsituation, wird also aus seinen Muskeln nicht die maximale Kraft herausholen, sondern, sobald es ihm zu anstrengend wird, von seinem Opfer ablassen. Das heißt: Die maximale Muskelkraft einer noch so zierlichen Frau ist bei weitem größer als die normale Muskelkraft eines muskulösen Mannes! Das ist den Frauen nur nicht bewusst, weil sie stets die Maximalkräfte miteinander vergleichen. (Würden zwei Menschen in Todesangst gleichzeitig einen rettenden Gegenstand ergreifen wollen, der nur einen von beiden retten kann, dann wird zwangsläufig derjenige „gewinnen", der die größere Muskelkraft hat. Aber Sie merken schon an dieser konstruierten Situation: Das kommt so gut wie nie vor.) Das Schlimme ist, dass sich die Angegriffene oft von ihrer Angst lähmen lässt, und deshalb ihre maximale Muskelkraft gar nicht einsetzt! Sie meint, wenn sie dies oder jenes still über sich ergehen lässt, wird der Angreifer sich damit zufrieden geben und sie dann gehen lassen. Ein Irrtum, der schwere Folgen haben, und zwar für das ganze weitere Leben der Frau! In Selbstverteidigungskursen können schon junge Mädchen lernen, sich gegen einen erwachsenen, männlichen Angreifer erfolgreich zur Wehr zu setzen.

Ein drittes Beispiel: Wie wir in Kapitel 8 bereits gesehen haben, sind multiple Orgasmen von Frauen möglich. Es gibt Frauen, die sie erleben, physiologisch ist die Klitoris der Frau dazu in der Lage. Eine völlig andere Frage ist, wie die Frau diese Empfindungsfähigkeit lernen kann. Und eine noch ganz andere Frage ist, ob es nicht besser wäre, Frauen diese Möglichkeit zu verschweigen, damit sie nicht traurig sind über diese eventuell (bisher) „verpasste Chance"; damit sie und ihr Partner sich nicht auf den Weg machen müssen, dies zu erlernen; damit sie weiter im Alltag funktionieren, ohne „Flausen" im Kopf zu haben oder sexuell „zu anspruchsvoll" zu sein. Dasselbe gilt natürlich auch für den Mann: Ihm ist es möglich, Orgasmen ohne Samenerguss zu erleben. Punkt. Damit erweitern sich seine sexuellen Möglichkeiten kolossal. Anzumerken bleibt, dass auch dieses Erlernen mühsam ist (wobei die „Mühe" hier nicht negativ gesehen werden muss…), und dass es vielleicht besser wäre, den Männern dies gar nicht zu sagen, damit sie sich nicht unter Druck gesetzt fühlen. Sicher (Achtung, ich verlasse nun den sachlichen Sektor): Wenn ich Sklave auf einer Farm bin, ist es auch besser, meinen Kindern nicht zu sagen, dass es noch eine andere Welt gibt; denn sonst geht es ihnen vielleicht schlecht, und sie sollen doch mit Freude aufwachsen…

Kurz zusammengefasst: Freiheit haben wir innerhalb physiologisch bestimmter Grenzen. Aber wir irren uns oft in der Einschätzung, wie eng diese Grenzen gesetzt sind. In den allermeisten Bereichen – so meine These – sind wir alle noch nicht annähernd in die Grenzbereiche vorgestoßen, sondern geben viel zu früh auf, sobald es etwas mühsam wird.

Was ist nun der Wille? Mit Willen im Sinne des „freien Willens" ist wohl nicht das Wollen einer „primitiven" Bedürfnis-Befriedigung gemeint, also nicht der „freie" Wille, auf die Toilette zu gehen oder morgens aufzustehen, wenn ich in die Schule muss (damit Mutti nicht böse wird). Unter dem Willen in diesem Sinne stellen wir uns ein rationales Abwägen von verschiedenen Handlungs-Möglichkeiten vor, das zu einer Entscheidung führt. Also ein Wollen, das unseren Trieben entgegenstehen kann (Ich trinke jetzt *kein* Bier mehr, bzw. schaue mir heute *keinen* dämlichen Film mehr an sondern gehe eher ins Bett). Bei genauer Betrachtung spielen hier aber auch wieder Bedürfnis-Befriedigungen eine Rolle, nämlich das Heile-nach-Hause-Kommen oder das Ausgeschlafen-Sein am nächsten Arbeitstag. Was die modernen Philosophen eigentlich wissen wollen, ist, ob es freie Handlungsmöglichkeiten gibt oder ob vielmehr alles vorherbestimmt ist.

Schauen wir uns zur Vereinfachung folgendes Beispiel an: Drei Türen stehen zu Auswahl: Ich kann die grüne, die blaue oder die rote nehmen. Diese Situation fällt meist nicht vom Himmel und die Türen sind meist nicht für mich allein geschaffen worden. Die Türen als Möglichkeiten sind mir also meist schon bekannt, und es stecken schon viele Erfahrungen in mir: Welche Tür haben denn meine Eltern genommen? Welche mein Freundeskreis? Was empfiehlt die Tagespresse? Daher wird es in den meisten Fällen so ablaufen: Ich gehe auf die 3-Türen-Front zu und spontan durch eine der Türen hindurch. Meistens kann ich hinterher, wenn ich gefragt werde, nicht einmal sagen, welche Farbe diese Tür hatte. Vielleicht ist mir noch nicht einmal bewusst, dass ich eben durch eine Tür gegangen bin. Ich habe einfach das getan, was ich, meine Eltern oder die Menschen in meiner Umgebung schon immer getan haben. Wenn die grüne Tür Mode war, habe auch ich die grüne Tür benutzt. In dem Fall kann ich meinen Willen nicht als frei bezeichnen. Ja, er war noch nicht einmal vorhanden!

Um einen freien Willen zu haben, ist also ein Bewusstsein erforderlich, welches das eigene Handeln reflektiert. Ich muss schon ein kleines bisschen nach oben, rechts und links schauen, um die Türfront in ihrer Ganzheit überhaupt wahrzunehmen. Das ist der erste Schritt. Aber freien Willen habe ich nur, wenn ich noch einen zweiten Schritt einfüge. Im Märchen klänge das so: „Da setzte er sich auf einen Stein und weinte bitterlich." Will heißen: Da machte er sich bewusst, dass die Aufgabe eigentlich unlösbar ist. Da hielt er inne. Was für ein schöner Ausdruck! Er geht in sich, um das Außen besser betrachten zu können. Und erst in dieser Ruhe, in welcher die Dynamik des täglichen Schrittemachens einmal aussetzt, kommen die Gedanken: Meine Eltern haben immer die rote Tür genommen, weil ihre Großeltern es auch so gemacht haben. Meine Freunde nehmen meist die grüne Tür, und in der Presse steht häufig, die blaue Tür sei das absolut Beste. Somit ist die Situation eigentlich ausweglos, denn wie ich mich auch entscheide, ich werde es nie allen – also auch nie allen Anteilen in mir – recht machen können. Deshalb halte ich inne, schaue in mich hinein und fühle. Ganz wichtig: Ich *fühle*. Ich *denke* nicht mehr nur noch, sondern „sehe mit dem Herzen", wie es der „Kleine Prinz" zu sagen pflegt. Im Märchen wird das einfach und deutlich mit dem Bild des Weinens ausgedrückt: Im Weinen bin ich ganz echt, da kann ich mich selbst und andere nicht mehr belügen. Und spüre vielleicht, dass mich mit der roten Tür wirklich etwas verbindet, und zwar nicht, weil es meine Großeltern auch schon so gemacht haben, sondern weil es mir ein tiefstes Bedürfnis ist, weil es meinen Fähigkeiten entspricht und ich mich dort am besten verwirklichen kann. Oder ich merke, die rote Tür gefällt mir gar nicht, ich würde sie nur wählen, um meinen Eltern zu gefallen, was mich jedoch wirklich anspricht, ist die blaue Tür. Das heißt zwar, ich muss mich sowohl mit meinen Eltern als auch mit meinem Freundeskreis darüber auseinandersetzen und meine Wahl möglicherweise mühsam verteidigen, aber genau das ist mein Weg. Oft gibt es noch viel mehr Türen, und oft ist der Weg, den niemand anpreist, der Weg, der für mich am besten ist.

Die Frage in der Überschrift „Haben wir einen freien Willen" ist also viel zu allgemein gestellt. Die Antwort heißt: Wir haben die Möglichkeit, einen freien Willen zu haben. Fragen muss man sich nur: *wer* hat *wann* und *in welcher Situation* einen freien Willen, und *wie* kann ich es erreichen, mir in möglichst vielen Situationen einen freien Willen zu bewahren? Und bei dieser Frage, da bin ich mir sicher, kommen wir um das Bewusst-Machen, das Innehalten und das Spüren unserer Gefühle nicht herum.

Die Frage, ob alles vorherbestimmt, also determiniert sei, ist eine sehr religiöse. Sie entspringt dem Schicksals-Glauben und wird vielfach dazu verwendet, eigenes Verhalten zu rechtfertigen, und die Verantwortung für eigenes Verhalten abzugeben. Wäre es mein Schicksal, Menschen töten zu müssen, dann könnte ich ja nichts dafür. Das ist natürlich Unsinn. Mein Schicksal wäre dann, dass ich sehr viel Mühe und Arbeit darauf verwenden muss, meine Triebe zu kontrollieren und mir Beschäftigungen zu suchen, die mich auf andere erfüllende Wege führen, damit mein Tötungs-Drang kompensiert wird und bestenfalls ganz verschwindet. Der Schicksals-Glaube entspringt der menschlichen Erfahrung, nicht alles kontrollieren zu können. Vielleicht habe ich mich aus ganzem Herzen für die rote Tür entschieden, beobachte, wie andere Menschen durch sie hindurch gehen, als ich sie aber selbst benutzen will, fällt sie plötzlich ins Schloss und lässt sich nicht mehr öffnen. Was dann? Dann bin ich „enttäuscht". Habe enttarnt, dass ich einer Täuschung erlegen bin. Vielleicht hatte ich vorher nicht sorgfältig genug in mich hineingehorcht? Das wäre eine psychologisch ungesunde Erklärung, denn damit suche ich die Ursache ja bei mir selbst.[26] „Warum können es alle anderen, nur ich nicht?" Selbstzweifel? Alles nicht gut fürs Selbstvertrauen. Die für die Psyche beste Erklärung, die uns weiterleben lässt, ohne das Vertrauen in uns selbst zu verlieren, ist: Die Tür war schuld! Klingt erstmal fast lächerlich, aber ist allgemein praktizierter Glaube: Die Tür wollte nicht, dass ich durch sie hindurch gehe! Deshalb hat sie sich verschlossen! Die Tür steht dann entweder für „die Gesellschaft" oder – weil es ja hier ums Kinder Kriegen geht – für das Schicksal oder eine „Gottesmacht". Dahinter steckt eine gewisse Ohnmacht meinerseits. Ich sah eine Tür, sah viele Menschen hindurch gehen, habe lange, lange überlegt und mich dann letztendlich doch entschlossen, ebenfalls hindurch zu gehen, und dann klappt es nicht: Die Tür klappt ins Schloss. Punkt. Kein Baby. Nun denken und sagen die meisten Umstehenden: „Du *wolltest* ja nicht durch die Tür gehen. Und auch wenn es dir nicht bewusst war, dann hattest Du eben *unbewusst* Angst davor!" Die ganze Verantwortung für das plötzliche Zuklappen der Tür wird bei der Person gesucht, die versucht hat, hindurch zu gehen.[27] Und hier sind wir tatsächlich bei einem großen Dilemma angelangt:

Kein Mensch, kein Arzt, kein Wissenschaftler, Philosoph oder Theologe weiß wirklich, wo die Kinder herkommen!!

Wenn ein Kind geboren wird, kann man zurückverfolgen, wo es – materiell gesehen - hergekommen ist. Aber ein Kind

---

[26] Siehe auch Kapitel 3
[27] Siehe ebenfalls Kapitel 3

auf natürlichem Wege „erzeugen" kann niemand. Den jungen Mädchen wird immer suggeriert: „Wenn Du einmal ohne Verhütung mit einem Jungen schläfst, wirst du schwanger!" Das kann ja auch tatsächlich passieren, es gibt eine gewisse Wahrscheinlichkeit. Aber fast jedes Paar, das schon einmal eine Schwangerschaft planen wollte, weiß: Es ist gar nicht so einfach. Um ein Kind zu zeugen, ist ein Zusammentreffen vieler Faktoren nötig, und wenn es tatsächlich klappt, ist es alles in allem ein großer Zufall: Der Zeitpunkt des Eisprungs muss möglichst genau getroffen werden, und den herauszufinden, ist nicht jedefraus Sache, meist umständlich und zeitaufwändig (für die Temperaturmethode braucht man beispielsweise ein gleichmäßig temperiertes Schlafzimmer und regelmäßige Schlaf- und Aufstehzeiten), auf jeden Fall sehr unsexy und wenig spaßvoll. Wenn tatsächlich ein Eisprung stattgefunden hat (was nicht in jedem Zyklus der Fall ist) und das Ei befruchtet wurde, kann man trotzdem nur in ca. 30% der Fälle nach ca. 38 Wochen ein Baby „mit nach Hause nehmen". Die übrigen 70% „frisst" die Natur einfach wieder auf, weil irgendetwas nicht passt. Häufig unbemerkt, aber oft von der Frau sehr wohl und sehr schmerzhaft bemerkt. Und was dieses Irgendetwas ist, das nicht in Ordnung war, weiß kein Arzt. Er kann zwar viele Faktoren nennen, viele Möglichkeiten, aber im Endeffekt bleibt das Rätsel fast vollständig an der Frau hängen: *Sie* ist traurig, *sie* hatte sich auf das Baby gefreut, *sie* macht sich Vorwürfe, ob *sie* etwas falsch gemacht hat u.s.w. Das einzige, was diese Frau tun kann, um sich von Schuldvorwürfen (die nun einmal in unserer Kultur fest verwurzelt sind) frei zu machen, ist zu sagen: „Die Ursache liegt im Außen. Es war Schicksal. Gott oder irgendeine Macht, die ich nicht beeinflussen kann, wollte nicht, dass ich jetzt ein Kind bekomme, weil ich vorher noch dies oder das lernen sollte oder weil meine Aufgabe im Leben eine gänzlich andere ist. Das Kind wollte jetzt nicht zu mir kommen. Es war das Schicksal des Kindes, nur dieses sehr kurze Leben zu leben." Denn die andere Möglichkeit, sich nicht selbst für den Tod des Fötus verantwortlich zu fühlen, wäre, das Leben des Kindes und somit sein eigenes Leben als einen großen Zufall zu betrachten. Das ist jedoch mit dem menschlichen Ego nicht vereinbar, denn wir müssten dann unser eigenes Leben als bedeutungslos einstufen, und das ist ganz und gar nicht gut fürs Selbstwertgefühl. Kurz gefasst haben wir drei Möglichkeiten, mit Geschehnissen umzugehen, die wir nicht beeinflussen konnten: Entweder ich selbst bin schuld (innen), jemand anders ist schuld (außen), oder niemand ist schuld (alles ist Zufall). Am besten für das eigene Selbstvertrauen und die Motivation, weiterzuleben mit all den Höhen und Tiefen, die das Leben zu bieten hat, ist die zweite Möglichkeit: Die Ursache weit nach außen auf eine höhere Macht zu projizieren. Mir hilft es, und der höheren Macht – egal, ob es sie gibt oder nicht – tut es nicht weh.[28]

Die Kunst ist, unterscheiden zu können, welche Dinge man beeinflussen kann und welche nicht. Eigene (Fehl-) Entscheidungen auf eine höhere Macht zu projizieren, ist ein weit verbreitetes Mittel in der religiös geprägten Politik, aber kein probates Mittel, denn dabei wird versäumt, für eigene Entscheidungen auch Verantwortung zu übernehmen. Da das Thema „Verantwortung" solch ein zentrales ist, wird es im folgenden Kapitel noch einmal grundlegend beleuchtet.

---

[28] zur Spiritualität siehe auch Kapitel 13

10. Verantwortung

Einem Begriff, der sehr häufig benutzt wird, nähert man sich am besten dadurch an, dass man ihn in seine Bestandteile zerlegt und auf seine ursprüngliche Bedeutung zurückführt. Der Begriff „Verantwortung" besteht aus den beiden Vorsilben „ver" und „ant", dem zentralen Wörtchen „Wort" und der Nachsilbe „ung". Um seine Ursprungsbedeutung zu erschließen, müssen wir zunächst einen kleinen Abstecher in die Sprachgeschichte machen: Die deutsche Schriftsprache hat sich gegen Ende des Mittelalters und in der frühen Neuzeit allmählich entwickelt. Vorher wurden alle Schriften auf Latein verfasst, insbesondere die Theologischen und Juristischen. Andere Schriften wie z.B. Lyrik gab es im Mittelalter selten, die Gebrauchsschriften der Kaufleute und Buchhalter wurden erst gegen Ende des Mittelalters (ca. ab 1300) häufiger, als Bildung und die damit verbundene Fähigkeit zu schreiben sich langsam ausbreitete, weil die Klosterschulen auch für Jungen geöffnet wurden, die keine Novizen (angehenden Mönche) waren. In der Renaissance (in den Geisteswissenschaften wird zur Vereinfachung das Jahr 1500 als Beginn der Neuzeit, Ende des Mittelalters und Beginn der Renaissance angesetzt, wohl wissend, dass es sich um einen langen Prozess handelte, der zudem regional sehr unterschiedlich verlief) setzte durch die Verbreitung des Buchdrucks und die Ausweitung des Handels eine Ausbreitung der Schriftlichkeit ein: Nun wurden - in regionalen Mundarten und ohne einheitliche Rechtschreibung - Gebrauchsschriften verfasst, die nichts mit Theologie oder Jura zu tun hatten. Erst Martin Luthers schuf mit seiner Übersetzung des Neuen Testaments in den Jahren 1521/22, die er in der Thüringischen Mundart geschrieben hatte, eine einheitliche hochdeutsche Sprache, die fortan für Jahrhunderte als Richtschnur für eine korrekte Rechtschreibung galt.

Um die Deutsche Schriftsprache zu verstehen, ist es hilfreich, sich vor Augen zu führen, wie die Gesellschaft aussah, in der sie entstanden ist. Da die damaligen Dörfer ohne Schrift auskamen, schauen wir uns die Städte an: Sie hatten meist um die 5.000 bis 10.000 Einwohner, einen Rat (dem alle verheirateten Männer angehörten und der die Gesetze beschloss und gleichzeitig Strafen verhängte und ausführte), sowie einen überregionalen Fürsten, dem sie verpflichtet waren, aber der nur in Ausnahmefällen in Form eines Abgesandten in Erscheinung trat. Alles, was in dieser Gesellschaft aufgeschrieben wurde, hatte etwas mit konkreten Vorgängen in der Stadt zu tun. Abstrakte Schriften über beispielsweise philosophische Themen gab es so gut wie gar nicht (diese Schriften waren auf Universitäten und Klöster beschränkt und wurden nach wie vor auf Latein verfasst). Somit haben alle Begriffe, die sich herausgebildet haben, etwas mit konkret Wahrnehmbarem (meist einem sichtbaren Gegenstand), einer Handlung oder Bewegung zu tun. Und was uns meistens nicht bewusst ist: *Alle* heute benutzten abstrakten Begriffe der deutschen Sprache lassen sich ebenfalls auf einen sichtbaren Gegenstand bzw. etwas Wahrnehmbares, eine Handlung oder Bewegung zurückführen. Dazu ein paar Beispiele:

Begriff	be + greifen (→ anfassen, fühlen, ertasten), die Vorsilbe „be" ist eine reine Verstärkung, die bei Substantivierung gebraucht wird
Bedeutung	be + deuten (→ mit dem Finger auf etwas zeigen, es hervorheben)
Betrachten	be + trachten (→ ganz genau, fast absprungbereit auflauernd ansehen)
Ursprung	historisch gesehen das erste Mal springen, wie ein Fluss an seiner Quelle

Dies ist übrigens bei den heute geläufigen Fremdwörtern, die aus dem Lateinischen stammen, genauso. Das Wort *abstrahieren* ist beispielsweise aus den lateinischen Wörtern „ab" und „trahere" zusammengesetzt und bedeutet wörtlich „wegziehen". Der „Traktor" ist der Zieher oder Schlepper. Die „Perspeketive" ist nichts anderes als die „Durchsicht" (per + spectare), das „Diktat" heißt wörtlich „das Gesagte". Mein Lieblingsbeispiel ist jedoch das „Datum": datum heißt auf Lateinisch „gegeben". Auf den Zusammenhang mit dem heutigen Datums-Begriff kommt man erst, wenn man sich klar macht, wo das Wort „datum" in der Zeit der Renaissance geschrieben stand: Auf einem Schriftstück, das vom Stadtrat an den Abgesandten des Fürsten oder umgekehrt übergeben wurde und aufgrund der juristischen Relevanz mit der Zahl des Tages versehen wurde: „gegeben am 4. August 1590". Bei der Umstellung von der lateinischen auf die deutsche Schriftsprache hat man das Wort „datum" schlichtweg vergessen. Zugegeben: Man hat sich heute sehr an diese „Unachtsamkeit" unserer Vorfahren gewöhnt. Es würde doch sehr befremdlich wirken, wenn heute ein Schüler seinem Nachbarn im Unterricht zuflüstern würde: „Du, was haben wir heute für ein Gegeben?"

Heute werden - leider auch von Gelehrten – viele Begriffe fernab ihrer Ursprungsbedeutung benutzt. Die Betriebswirte, die Juristen, die Ingenieure, die Naturwissenschaftler, alle haben sie alte Begriffe mit neuen Bedeutungen belegt, die man einzeln auswendig lernen muss, um sie zu verstehen, weil sie sich nicht logisch erschließen. Unser heutiges Deutsch ist von Menschen vieler Generationen so chaotisiert worden, dass es mit gesundem Menschenverstand nicht durchschaubar ist. Am liebsten wird beispielsweise über die Beamtensprache geschimpft („Warum müssen die alles so ausdrücken, dass es keiner mehr versteht?"). Aber, meine

Damen und Herren, auch die Beamtensprache ist eine kulturelle Leistung, die sich bei uns entwickelt und durchgesetzt hat. Sie wurde von unseren Vorfahren nach dem Vorbild der lateinischen und griechischen antiken Kultur begonnen und fortgeführt. Es nützt nichts, auf die Vorfahren zu schimpfen, denn die sind alle schon lange im Himmelreich oder wo auch immer. Wir fühlen uns dem kulturellen Erbe hilflos ausgeliefert. Aber genauso, wie ein Mensch, der in seiner frühesten Kindheit Gewalterfahrungen gemacht hat, nicht automatisch und unausweichlich dazu bestimmt ist, diese Gewalt auch an seine Kinder weiterzugeben, genauso sind auch die Juristen und Staatssekretäre im Bundestag und den Abgeordnetenbüros nicht dazu „verdammt“, ihre Gesetzesentwürfe so zu formulieren, dass sie selbst von einem überdurchschnittlich gebildeten Menschen nicht zu verstehen sind. Das heutige „Juristendeutsch“ rührt vom Lateinischen her, und bis heute scheinen die Gesetzes-Formulierer ein Interesse daran zu haben, dass das Volk nicht nachvollziehen kann, was der wirkliche Inhalt des Gesetzes ist. Keine Frage: Es ist wichtig, dass der Text präzise ausdrückt, was gemeint ist. Aber gerade dem wird die heutige juristische Sprache nicht gerecht. Wer sich nur ein wenig damit beschäftigt hat, weiß, wie „schwammig“ ein Gesetz ist, wie viele Fragen selbst der ausgebildete Jurist noch dazu hat, wie viele Ausführungsbestimmungen und Gerichtsurteile es braucht und wie viele Neu-Definitionen von verwendeten Begriffen. Die Juristensprache ist ein großes, aber nicht großartiges, Kunstwerk der Großhirnrinde! Eine ständige Herausforderung für Rechtsanwälte, Richter und Steuerberater. Aber vom Menschsein, vom Leben sehr weit entfernt.

Nach diesem Exkurs kehren wir wieder zum Ursprung dieses Kapitels zurück, zum Wörtchen „Wort“. Wir können das gesprochene Wort zwar nicht sehen oder anfassen, aber wir können es wahrnehmen, nämlich hören. Das „Wort" ist ein zentraler Begriff in der Menschheitskultur. Denn ein großer Teil der menschlichen Verständigung läuft über das „Wort" ab. Dabei hat das „Wort" immer mit Kommunikation zu tun, denn ein „Wort" ohne Sender und Empfänger macht keinen Sinn. „Wort" ist also klar: Ich höre, dass jemand etwas sagt. Meine Ant-Wort ist mein Vor-Wort, also das, was ich erwidere. „Ante" als lateinische Vorsilbe heißt „vor", was eher räumlich als zeitlich zu sehen ist, kann aber auch „für" heißen. Unter einer Antwort kann man sich gut etwas vorstellen: Es ist das Wort, das ich zu einem anderen Menschen sage, im Sinne eines Elementes eines Dialoges. Aber was ist nun die substantivierte „Antwort" mit der Vorsilbe „ver" und der Nachsilbe „ung"? Um diesen Begriff zu klären, müssen wir in zwei Trickkisten greifen: Die erste ist der Vergleich der Vorsilbe „ver" mit anderen Vorsilben „ver": Dabei merken wir bei Begriffen wie Verlust, Verwirrung, Vertrag, Verdammnis, verheiraten oder verloben, dass die Vorsilbe „ver" immer etwas Endgültiges beinhaltet. Etwas ist ganz weg (verloren) oder endgültig besiegelt (Vertrag, verlobt, verheiratet), ist also nun dauerhaft und fest. Ob das gut oder schlecht ist, lässt sich aus der Vorsilbe nicht ableiten; es kann beides sein. Fest steht, es ist endgültig, von Dauer und Bestand. Es gilt. Die zweite Trickkiste steht mitten im städtischen Versammlungsraum im Jahre 1600. Ein Bürger macht einen Vorschlag, wie ein städtisches Problem zu lösen wäre. Der Bürgermeister gibt ihm Antwort, sagt seine Meinung. Möglicherweise gibt es noch mehr Antworten, ein Wort gibt das andere.

Wer trägt die Verantwortung? Derjenige, der die am Ende gültige Antwort gegeben hat. Also derjenige, der die Entscheidung getroffen hat.

Wenn wir mit einer Entscheidung nicht ganz einverstanden sind, sie aber auch nicht für ganz falsch halten, sagen wir: „In Ordnung, aber nur auf deine Verantwortung!" Verantwortung hat der, der die endgültige Entscheidungsbefugnis hat, hier also der Bürgermeister. Und was beinhaltet diese Verantwortung? Wenn etwas schief geht, wenn sich im Nachhinein herausstellt, dass diese Entscheidung unklug war, dann „steht er dafür gerade". Wieder so ein schön anschaulicher Ausdruck: Er „knickt nicht ein", sagt nicht, die anderen hätten ihn ja beeinflusst, er könne ja nichts dafür. Nein, er steht aufrecht, stellt sich dem Problem, das eventuell als Folge seiner Entscheidung auf ihn zukommt, möglicherweise „hält er sogar den Kopf hin", was heute glücklicherweise nur noch im übertragenen Sinne gemeint ist, denn wenn beispielsweise ein Bundesminister zurücktritt, hat er hinterher durch vorher geknüpfte Kontakte und Pensionsansprüche gar kein schlechtes Leben. Verantwortung zu tragen war also im 16./17. Jahrhundert noch um einiges gefährlicher als heute. Heute „rollen die Köpfe" nur noch auf den Zeichnungen der Karikaturisten. „Verantworten" muss ich übrigens nicht nur meine Worte sondern auch meine Taten: Wenn ich wegen einer Straftat angeklagt bin, muss ich mich vor Gericht verantworten. Ich muss „Rede und Antwort stehen", was beinhaltet, mich bestmöglich zu verteidigen, damit ich mich nicht „um Kopf und Kragen" rede.

Stellen wir uns nun in Bezug auf das Thema dieses Buches die drei folgenden Fragen:

1.) Ist es verantwortlich, in der heutigen Zeit in Deutschland ein Kind in die Welt zu setzen?
2.) Kann ich Verantwortung für mein Kind übernehmen?
3.) Was bedeutet und beinhaltet es, wenn ich Verantwortung für mein Kind übernehme?

Frage 2 ist nach den Erkenntnissen dieses Kapitels, wenn man bei der ursprünglichen Bedeutung des Wortes bleibt, eindeutig zu beantworten: Kein Mensch kann Verantwortung *für* einen anderen übernehmen. Denn die Verantwortung für die Handlung der anderen Person trägt die andere Person selbst. Jedenfalls dann, wenn sie die Entscheidung für diese Handlung selbst getroffen hat. Anders ist es, wenn ihr ihre eigene Entscheidungsmöglichkeit genommen wurde, weil sie hierarchisch jemandem anderen unterstellt und deshalb von ihm abhängig ist, wie ein Arbeitnehmer von seinem Arbeitgeber oder ein kleines Kind von seinen Eltern. Dann nämlich hat tatsächlich die höhergestellte Person eine Verantwortung: nämlich für ihr *eigenes* Tun, und das eigene Tun besteht in diesem Fall darin, die Handlungsmöglichkeiten der niedriger gestellten Person einzuschränken. Von daher ist es mir an dieser Stelle wichtig, zu differenzieren: Jeder ist für sein *Handeln* selbst verantwortlich. Wenn ich jedoch als hierarchisch höhergestellte Person die Entscheidungsmöglichkeit einer anderen Person einschränke, bin ich für die Art und Weise dieser Schranken, die ich setze, verantwortlich. Als Elternteil *muss* ich die Entscheidungsmöglichkeiten meines Kindes zunächst einschränken (weil mein Kind ohne diese Schranken in den ersten Jahren nicht überleben könnte) und diese Schranken später immer mehr verschieben. Dies ist das Thema der Frage 3, die ab Seite 144 behandelt wird und bei der es darum geht, was es bedeutet und beinhaltet, Verantwortung für ein Kind zu übernehmen. Bei der Frage 2, die hier zunächst betrachtet werden soll, geht es grundsätzlich um die Frage, ob ich - im ursprünglichen Wortsinn - Verantwortung für mein Kind übernehmen kann, ob ich also für eine Entscheidung, die mein Kind selbst getroffen hat, verantwortlich gemacht werden kann im Sinne eines allgemeinen „Eltern haften für ihre Kinder".

Als Zoo-Besitzer bin ich dafür verantwortlich, dem Löwen nicht die Möglichkeit zu geben, seinen Käfig eigenständig zu verlassen, weil das für Menschen gefährlich werden könnte. Als Waldbesitzer bin ich dafür verantwortlich, den Bäumen nicht die Möglichkeit zu geben, auf den Wanderweg zu fallen, weil das eine Gefahr für Wanderer darstellen würde. Jedoch gilt die Verantwortung in beiden Fällen nur in gewissen Grenzen: Wenn eine „höhere Gewalt" von außen kommt, die nicht vorhersehbar war, kann man den Besitzer nicht verantwortlich machen. Dies ist beispielsweise der Fall, wenn ein Baum durch einen Orkan entwurzelt wird und einen Wanderer tödlich verletzt, der trotz des Orkans in den Wald gegangen ist (erst wenn der Sturm nachgelassen hat, kann der Waldbesitzer entsprechende Schilder aufstellen und mit Sicherungs- und Aufräumarbeiten beginnen).

Wenn ein vierjähriges Kind entscheidet, es möchte genau in dem Moment, in dem seine Mutter nicht hinsieht oder gerade *weil* diese nicht hinsieht, eine gefährliche Kletteraktion auf einen Kirschbaum oder eine „Expedition" auf die von LKWs befahrene Straße unternehmen, dann liegt das zunächst einmal allein in seiner eigenen Verantwortung, mit allen erdenklichen Folgen. Die Mutter kommt erst einen Gedankenschritt später ins Spiel. Nehmen wir den Fall, dass die Mutter aus Gründen abgelenkt war, die von außen kamen und welche sie nicht vorhersehen konnte, z.B. eine plötzliche schlechte Nachricht oder plötzlich aufgetretenes starkes Nasenbluten, welches ihre volle Aufmerksamkeit erforderte. In diesem Fall ist sie nicht dafür verantwortlich zu machen, falls ihrem Kind bei seiner „Expedition" etwas zustößt. Die Vorwürfe, die sich die Mutter trotzdem ihr Leben lang machen wird, sind ein ganz anderes Thema. Sie sind ein rein gesellschaftliches Phänomen, welches die Mutter in ihr Wertesystem übernommen hat, da sie schon viele ähnliche

Geschichten gelesen und gehört hat und daher die Vorstellung verinnerlicht hat, sie hätte die Verantwortung für das Handeln ihres Kindes. Dies ist - nüchtern betrachtet - ein Fall für den Psychologen, und es wäre für die Frau einfacher, wenn sich ein anderer Verantwortungs-Begriff gesellschaftlich entwickelt hätte. Ja, es wird sogar das Wort „Schuld" benutzt dafür, dass die Mutter in unserem Beispiel durch plötzliches Nasenbluten so sehr mit sich selbst beschäftigt war, dass sie nicht ununterbrochen die Aufmerksamkeit bei ihrem Kind haben konnte. Übrigens hat kein Tier im ganzen Tierreich ständig und zu jeder Zeit die Aufmerksamkeit bei einem anderen Wesen. Der Nachwuchs ist entweder gut geschützt in einer Höhle bzw. einem Nest untergebracht, oder er bleibt von sich aus nah bei dem Muttertier. Nur bei akuter Gefahr von außen greift das Muttertier aktiv ein. Und wenn ein Jungtier aus einer Schafherde von einem Wolf gerissen wird? Dann ist es eben so. Dann hat keiner „Schuld", schon gar nicht das Mutterschaf, denn das musste ja selbst um sein Leben rennen und brauchte dafür seine volle Aufmerksamkeit. Der Angriff des Wolfes war „höhere Gewalt" und vom Schaf nicht vorhersehbar. Es ist der Lauf der Natur, dass nicht alle Jungtiere die Geschlechtsreife erreichen. Es gibt in diesem Fall kein „gut", „schlecht" oder „böse". Es ist noch nicht einmal „Pech", denn auch dieses Wort ist negativ wertend. Vielleicht ist es ein Glück für das Mutterschaf. Da keiner in die Zukunft sehen kann, kann auch keiner sagen, wie es dem Mutterschaf gegangen wäre, wenn es das Junge behalten hätte. Ob sich das Jungtier am nächsten Tag beim unglücklichen Sturz von einem Felsen eine gefährliche Verletzung zugezogen hätte, elende Schmerzen erlitten hätte und irgendwann mit nach oben gerollten Augen qualvoll verendet wäre. Man weiß es eben nicht! Was bei der ganzen Diskussion über Schuld und Verantwortung oft übersehen wird, ist die schlichte Tatsache, dass die Zeit linear in eine Richtung verläuft, dass wir also niemals wissen können, was in der Zukunft passiert wäre, wenn in der Vergangenheit etwas anders verlaufen wäre. Wir wissen nicht, was aus dem vierjährigen Kind geworden wäre, das sich plötzlich von der Hand seiner Mutter losgerissen hat, auf die Straße gelaufen ist und von einem fahrenden LKW tödlich überrollt wurde. Wir *vermuten* nur, dass aus diesem Kind ein ganz liebevoller, toller Mensch geworden wäre, der glücklich durchs Leben gegangen wäre und vielen Menschen Freude bereitet hätte. Wir vermuten das, weil diesem Kind nach unserem Sprachgebrauch ein „schlimmes Schicksal" widerfahren ist, weil *wir selbst* Angst hätten, vom LKW überfahren zu werden und weil wir wissen, was aus anderen Kindern „gutes" geworden ist. Es ist klar, dass wir das alles auf dieses Wesen projizieren, von dem wir nicht viel wissen, außer, dass es vier Jahre alt war und aus freien Stücken vor den LKW gelaufen ist. Vielleicht wäre (um diesen absurden Gedanken fortzuspinnen, was hätte geschehen können, wenn man die Zeit zurückdrehen könnte) das Kind von einem Kinderschänder entführt worden oder hätte einen Hirntumor bekommen, oder seine Mutter wäre mit dem Flugzeug abgestürzt oder, oder, oder. Alles, was wir in diese Wenns hineinprojizieren, zielt darauf ab, dass wir vermuten, es sei *schlecht* für das Kind, dass es gestorben ist. Weil *wir* Angst haben zu sterben. Das Kind hatte jedoch *keine* Angst vor dem Tod, denn es hat die Gefahr nicht erkannt (sonst wäre es nicht auf die Straße gelaufen). Für den Fall, dass es einen schnellen Tod gestorben ist, ist ihm in seinem Empfinden, in seiner Gegenwart, tatsächlich nichts Schlimmes passiert! Es hat die Gefahr nicht kommen sehen, hatte deshalb keine Angst vorm Überfahren werden, spürte plötzlich einen Aufprall und dann - kurz vorm Tod - gar nichts mehr, keinen Schmerz (das hat sich in der Evolution hervorragend herausgebildet), dafür einen

Ausstoß an Endorphinen, an schönen Gefühlen und bunten Farben, vielleicht ein strahlend helles, weißes Licht, in das es hineingezogen wurde, verbunden mit einem großen Glücksgefühl. Und dann? Wir wissen nicht, was nach dem Tod kommt. Aber alles, was wir wissen, was für dieses Kind vor dem Tod kam, ist positiv!!! (Einen ganz anderen Fall stellt es dar, wenn ein Kind einen solchen Unfall mit schweren Verletzungen überlebt und sein weiteres Leben lang schwerstbehindert ist. Dann ist die Frau ihr Leben lang „vom Schicksal bestraft", weil sie für das Kind sorgen muss und bei seinem Anblick stets an den einen unachtsamen Moment erinnert wird.) Ob etwas gut oder schlecht ist, ist immer abhängig vom Subjekt. Das heißt im Fall des Kindes, das einen schnellen Tod gestorben ist: Dasselbe Geschehnis, welches für das Kind positiv ist, ist für die Mutter schockierend, schrecklich, negativ, traumatisch und folgenreich für ihr ganzes Leben, es ändert ihre weiteren Beziehungen zu Menschen, kann sie in ewige Depressionen führen oder als große Herausforderung zu vorher ungeahnten Großtaten inspirieren. Diese Frau wird nicht mehr in der Lage sein, ihr Leben genauso zu leben wie vorher. Und das alles „nur", weil sie als Mensch in der Lage ist, sich immer wieder die eine Situation aus der Vergangenheit vor Augen zu führen und sich auszumalen, was geschehen - bzw. nicht geschehen - wäre, wenn sie im entscheidenden Moment anders gehandelt hätte. Weil ihr gesellschaftlich zugeschrieben wird, sie hätte besser aufpassen können und müssen. Aber angenommen, die Mutter hat sich im Allgemeinen stets aufmerksam um ihr Kind gekümmert und war tatsächlich nur in diesem einen Moment unverschuldet abgelenkt, dann hätte sie in dieser Situation eben *nicht* besser aufpassen *können*. Denn wäre sie in der Lage gewesen, anders zu handeln, hätte sie es getan! Der Tod ihres Kindes ist einfach passiert. Die Natur kennt keine Wertung, kein Gut oder Schlecht. Und die Mutter kann besser weiterleben, wenn sie sich keine lebenslangen Selbstvorwürfe macht. Sie ist nicht für den Tod ihres Kindes verantwortlich. Es war in diesem Fall „höhere Gewalt".

Zur Klarstellung möchte ich an dieser Stelle betonen, dass sich meine Ausführungen der letzten vier Seiten ausschließlich auf *Augenblicke* der Unachtsamkeit beziehen. Auf Fälle von andauernder Unachtsamkeit (Vernachlässigung) sind sie *nicht* anwendbar!

Nun zu Frage 1: *Ist es verantwortlich, in der heutigen Zeit in Deutschland ein Kind in die Welt zu setzen?*
Ich kann und muss als sexuell aktives Wesen in meinem Leben oft die Entscheidung treffen, ob ich einem Kind ein Leben ermöglichen möchte oder schon im Vorfeld sage: Ich kann das eben nicht verantworten und setze daher alles daran, dass es dazu erst gar nicht kommt. Aber was genau ist diese Entscheidung wert? Und habe ich überhaupt eine reale Entscheidungsmöglichkeit? Real gesehen ist es wie bei allem, was mit dem menschlichen Körper zu tun hat: Ich kann durch mein Verhalten nur die Wahrscheinlichkeiten ein bisschen verschieben, ob ich z.B. eine bestimmte Krankheit bekomme oder nicht, aber ich kann nie *sicher* sein. Wir alle kennen das Beispiel mit dem Rauchen: Auch ein starker Raucher kann sehr alt werden, und auch ein Nichtraucher kann in jungen Jahren an Lungenkrebs sterben. Es ist eben beides nur relativ unwahrscheinlich. Und wie bei allen Wahrscheinlichkeiten und Statistiken gilt: Dies erlaubt *keine* Aussage für den Einzelfall. Wirklich keine. Es gibt hunderte von Tipps und Tricks, wie eine Frau die Wahrscheinlichkeit vermindern oder erhöhen kann, schwanger zu werden. Aber wie der Volksmund schon sagt: „Sicher ist nur der Tod!" Ich bin nur dann sicher, keine Krankheiten zu bekommen, wenn ich tot bin. Auf die Möglichkeit einer Schwangerschaft

übertragen heißt das: Nur wenn der Kontakt mit männlichem Sperma tot ist, also bei Null liegt, ist eine Schwangerschaft ausgeschlossen. Aber selbst das habe ich als Frau ja nicht 100% unter Kontrolle, wie wir alle wissen. Auch wenn dieser Fall unwahrscheinlich ist: Vor die Wahl Leben oder Tod gestellt, würde auch ich lieber das fremde Sperma wählen.[29] Nur in einem Punkt hat die Frau heute in Deutschland wirklich die Wahl: Sie kann sich ihren Embryo im Rahmen der 12-wöchigen Fristenlösung „wegmachen" lassen. Also hat sie eine reale Entscheidungsmöglichkeit. Ist sie für diese Entscheidung auch verantwortlich? Ja, für diese Entscheidung ist sie leider verantwortlich. Es ist eine Entscheidung, vor die nur eine Frau und niemals ein Mann gestellt werden kann. Ein Mann kann zwar versuchen, sich in dieses Problem hineinzudenken, aber er kann nicht wissen, wie es sich anfühlt, wenn ein Embryo in ihm heranreift. Also sollten sich Männer eigentlich aus einer moralischen Diskussion über dieses Thema heraushalten. Von daher halte ich es für sehr bedenklich, genau genommen für skandalös, dass bis heute der Bundestag über Themen entscheiden darf, die ausschließlich Frauen angehen, wobei der Bundestag zu 68,4% aus Männern besteht[30]. Von den 194 Frauen im Bundestag sind 135 über 45 Jahre alt, demnach sind nur 59 Mitglieder des Bundestages, also 9,6% (!) Frauen im gebärfähigen Alter, wie es so schön heißt. Wenn Menschen dazu befugt sind, Entscheidungen für andere Menschen zu fällen, dann ist das immer eine Bevormundung, und die ist nur zu verantworten, wenn man meint, die anderen Menschen wären nicht reif oder intelligent genug, ihre eigenen Entscheidungen zu fällen…

---

[29] Falls Sie das jetzt nicht verstanden haben (wie einer meiner männlichen Korrekturleser): Es geht um eine Vergewaltigung

[30] Der Prozentsatz in der aktuellen 16. Wahlperiode, lt. „Kürschners Volkshandbuch", Stand 1.9.2006

Egal, wie es zu der Schwangerschaft kam, die Entscheidung über Leben oder Tod ihres Embryos muss die Frau ganz allein tragen. Sie hat die Verantwortung, sie muss innerlich dazu stehen, ihr Leben lang. Zu einer Entscheidung, die kein Mensch in der Lage ist zu fällen. Ob es gut oder schlecht für mich und gut oder schlecht für das Baby wäre, wie die Zukunft mit oder ohne Baby aussehen würde. Diese Entscheidung ist eine Überforderung. Immer. Denn der Mensch kann gar nicht anders als die Möglichkeiten seiner Großhirnrinde zu nutzen: Und die erlauben ihm, sich die Zukunft auszumalen und sich vorzustellen, wie die Zukunft oder Gegenwart aussehen würde, wenn man in der Vergangenheit eine andere Entscheidung getroffen hätte. Wir sind nicht in der Lage, alles so zu nehmen wie es ist, ohne es zu bewerten. Und zehn Jahre später ggf. zu sagen: Meine damalige Entscheidung war auf jeden Fall richtig, denn in meiner damaligen Lebenssituation konnte ich gar nicht anders entscheiden. – Die einzige Lösung, die hier helfen kann, ist die, dass sich *alle* Menschen, also auch alle Männer und alle Frauen im nicht gebärfähigen Alter, bewusst machen, in welch einem Dilemma sich Frauen zwischen 13 und 45 ganz schnell und „unverschuldet" plötzlich befinden können. Und dass diese Frauen wirklich aufgefangen werden, indem sie offen darüber reden können, ohne dass die Vokabel „Schuld" dabei im Raum schwebt. Das ist leider nicht die Realität. Während in den 70er Jahren viele Frauen offen über eine vorgenommene „Abtreibung" geredet haben, erklärt sich heute keine Frau mehr bereit, unter Nennung ihres Namens und mit Foto darüber zu berichten. Es sei eine sehr persönliche Entscheidung, heißt es. Ist es auch. Aber es ist doch schade, dass unsere Gesellschaft nicht offener dafür ist. Dass sie nicht wert- und vorurteilsfrei mit diesem Thema umgehen kann. Denn *jede* Frau kann in ein solches Dilemma geraten, in der sie eine Entscheidung tragen muss, die sie nicht verantworten kann.

Nun möchte ich versuchen, eine Vision aufzubauen: Stellen Sie sich vor, es gäbe an jedem Ort eine Anlaufstelle für junge Frauen, die nicht nur für ein Gespräch da ist, sondern die sich tatsächlich um die Hilfe Suchenden in dem Maße kümmert, wie sie es benötigen. Stellen Sie sich vor, unserer Gesellschaft wären Kinder so wichtig, dass sie es sich leistet, dafür mehr Geld zur Verfügung zu stellen. Dann könnte die Frau, soweit sie es wünscht, an die Hand genommen werden. Stellen Sie sich vor, es gäbe eine Hilfe für die Kommunikation mit dem Vater des Kindes, eine umfassende Betreuung während der Schwangerschaft und eine wirkliche Weiterbeschäftigungsgarantie am Arbeitsplatz (mit der Zusage, als Mutter nicht herabgestuft zu werden). Es gäbe kein schlechtes Gerede für den Fall, dass sich die Frau entscheidet, das Kind zur Adoption freizugeben und es gäbe die Garantie vom Staat, dass keine Mutter, die ein Kind erzieht, am Rande des Existenzminimums leben muss. Dann würden sich wahrscheinlich mehr Mütter gegen einen künstlichen Schwangerschaftsabbruch entscheiden, würden die Strapazen der Schwangerschaft auf sich nehmen, und die Gesellschaft hätte einen Erdenbürger mehr, der dann von der Mutter selbst oder von einem der zahlreichen bereitstehenden ungewollt kinderlosen Paare aufgezogen wird. Bei den meisten Schwangerschaften wären die „Strapazen" noch nicht einmal besonders groß, auch weil die Mutter sich gar keine Sorgen um die Zukunft des Babys machen müsste, wenn sie sicher wäre, dass ihr Baby später gut versorgt werden wird. Ja, dies ist ein Plädoyer dafür, wenn irgend möglich auf eine Abtreibung zu verzichten. Vielleicht ist ein notwendiger Schlüssel zu diesem Problem, dass man ungezwungener mit dem Thema Adoption umgehen muss. Eine junge Frau aus gutem Elternhaus lässt heutzutage ein Kind, das sie nicht aufziehen möchte, lieber abtreiben, als es zur Adoption freizugeben. Weil „man" das in mittleren oder höheren Gesellschaftsschichten nicht macht. Weil die Eltern der jungen Frau das möglichst verhindern würden, weil das Baby ihre Gene in sich trägt. Sie würden alles daran setzen, das Kind selbst zu sich zu nehmen und später zu versuchen, die Mutter doch noch zu einer Übernahme ihrer „Verantwortung" zu überreden. Da war es wieder, das Wort. Dabei hat die Frau, wie wir durch dieses Kapitel wissen, gar keine Verantwortung für ihr Kind, weil sie sich nicht entschieden hat, es zu bekommen. Leider haftet uns immer noch das alte „Mein Kind – dein Kind - Besitzdenken" an, das sich vor Urzeiten in den Sippen der Jungsteinzeit herausgebildet hat. Aber wer sagt denn, dass die biologischen Eltern auch immer am besten geeignet sind, die Kinder zu versorgen? Oft sind sie es nicht! Warum verteilt man die Kinder nicht einfach so um, dass alle den größtmöglichen Nutzen davon haben? Sehr reiche ungewollt kinderlose Paare lassen ja sogar – wenn Hormonbehandlungen und künstliche Befruchtungen nicht von Erfolg gekrönt waren - ihr biologisches Kind von einer Leihmutter gegen Geld austragen. Etwas weniger reiche Eltern holen sich ihr Kind aus Argentinien, wo Frauen mit Hilfe von Geld dazu genötigt werden, ihr Baby nach der Geburt abzugeben. Die meisten Paare, die gern in Deutschland ein Baby adoptieren möchten, warten jedoch vergeblich, weil die Nachfrage das Angebot um ein Vielfaches übersteigt. Es wäre doch schön und relativ einfach, dem abzuhelfen und gleichzeitig die ungewollt schwangeren Frauen von der großen Last eines kaum verantwortbaren Entscheidungszwangs zu befreien. Die Entscheidung, ein Kind zur Adoption freizugeben, ist zwar auch keine einfache, das Kind wird später wahrscheinlich eine Suche nach seiner Identität vornehmen müssen, aber all dies steht in keiner Relation zu der Entscheidung, ein Kind schon abzutöten, bevor es eine Chance auf Leben hatte.

Zu Frage 3: *Was bedeutet und beinhaltet es, wenn ich Verantwortung für mein Kind übernehme?*

Das Problem fängt nun da an, wo wir Verantwortung *für* einen anderen Menschen übernehmen. Manchmal müssen wir den eigenen Entscheidungsspielraum eines anderen Menschen einschränken, insbesondere, wenn es sich um ein Menschenbaby handelt. Denn es ist ohne uns hilflos. Die Kunst und große ewige Herausforderung ist nun, diese Eigen-Verantwortung im Laufe der Jahre Stück für Stück dem Kind wieder zurück zu geben. Dies kann kaum perfekt gelingen, weil es zwangsläufig Auseinandersetzungen beinhaltet; aber es kann besser oder schlechter gelingen. Schlecht ist, wenn man als Erwachsener selbst noch nicht gelernt hat, Eigenverantwortung zu tragen, weil einem alle Entscheidungen stets von den Eltern abgenommen wurden. Schlecht ist auch, die Kinder zu überfordern, weil sie Entscheidungen selbst treffen müssen, für die sie noch nicht den nötigen Weitblick und das nötige Wissen haben.

Man muss sich die Frage stellen, ob es ver-ant-wort-lich von der Mutter im ersten Beispiel war, ihrem Kind den eigenen Entscheidungsspielraum zu lassen, ob es vor den LKW laufen möchte oder nicht. In diesem Fall kommt man zu dem eindeutigen Schluss, dass man ein vierjähriges Kind eine solche Entscheidung besser nicht allein treffen lässt. Aber wie viele hundert Entscheidungen müssen Eltern täglich im Zusammenleben mit ihrem Kind treffen! Sie begleiten ihr Kind auf seinem Weg, sorgen für das Kind, soweit es das noch nicht selbst kann, tun ihr Bestes, um gefährliche Situationen von ihm fernzuhalten, trösten es, wenn es schmerzhafte Erfahrungen gemacht hat und geben sich Mühe, es zu jeder Zeit zu behüten oder behüten zu lassen. Aber im Prinzip ist Erziehung für den, der erzogen wird, immer falsch: Weil derjenige, der erzieht, also die Verantwortung übernimmt und den Aktionsradius des zu Erziehenden einschränkt, niemals genau wissen kann, was für den anderen das Beste ist. Es ist prinzipiell unmöglich, die Wünsche eines anderen - also das, was er braucht, um sich frei zu entfalten und später seine Möglichkeiten gewinnbringend einzusetzen - zu erfüllen, ohne dass der andere seine Wünsche uns gegenüber geäußert hat. Wir werden unserer Verantwortung nur dann gerecht, wenn wir stets versuchen zu lernen, die Bedürfnisse des anderen zu verstehen und ihn – sobald er dazu in der Lage ist – ermuntern, diese in Worte zu fassen. Eine zusätzliche Schwierigkeit stellt die Notwendigkeit dar, ein echtes Bedürfnis von einer Sucht zu unterscheiden. Denn zu dieser Unterscheidung sind wir bei uns selbst schon kaum in der Lage. Habe ich das Bedürfnis, ein Würstchen zu essen, weil ich seit einer Woche kein Fleisch und wenig Fett gegessen habe und mein Körper deshalb nach bestimmten Inhaltsstoffen des Würstchens verlangt? Oder ist es nur die Gier nach den Geschmacksverstärkern und Suchtstoffen, die mir so vertraut sind, und ist das Würstchen für meinen Körper ungesund, weil ich schon Übergewicht habe? Ich muss also lernen, meinem Kind diesen Unterscheid beizubringen, wenn es beispielsweise nach einem Überraschungsei quengelt. Das kostet viel Energie, denn ich muss die dahinter liegenden echten Bedürfnisse erkennen (Naschen, knisterndes Papier auspacken, Spannung, etwas Zusammenbauen) und diese Bedürfnisse meines Kindes auf andere Arten erfüllen: beispielsweise Erdbeeren kaufen, mit meinem Kind kindgerechte handwerkliche Aktivitäten durchführen und öfter mal Spannung vor einem Ausflug aufbauen, also nicht verraten, wo es hingeht. Nun darf man dem Kind natürlich nicht *sagen*, dass man damit seine Lust auf Überraschungseier kompensieren möchte, weil das Kind dann erst recht die Objekte seiner Gier verlangen und die anderen Aktivitäten mit dem Argument ablehnen wird: „Das ist nicht dasselbe!“

Also müssen wir zusätzlich auch noch kurzfristig das Genöle am Supermarktregal aushalten, bis wir einen Trick gefunden haben, unser Kind abzulenken. Aber irgendwann wird das Kind, wenn es dann doch einmal ein Überraschungsei bekommt, merken: Es ist doch eigentlich langweilig. Die Spannung ist total kurz, und von dem kleinen Plastikteil ist man meist enttäuscht, es verliert nach ein paar Minuten seinen Reiz, steht noch ein bisschen herum und wandert dann in den Mülleimer. Tja, aber wie ich eben skizziert habe, bis man an diesen Punkt kommt, müssen die Eltern eine Menge leisten. Das ist eine große Anforderung, die viel Initiative erfordert, viel Kreativität, Zeit und Energie. Die Verantwortung für ein Kind zu übernehmen ist – wie wir schon an diesem kleinen Beispiel gesehen haben – eine sehr komplexe Aufgabe. Alle Eltern, die diese Aufgabe nur halbwegs gut meistern, verdienen größten Respekt!

11. Gute oder schlechte Kinder?

Was gut oder schlecht ist, liegt – wie wir schon wissen – immer im Auge des Betrachters. Kinder sind, wenn sie auf die Welt kommen, weder gut noch schlecht. Hinter der Frage verstecken sich also zwei andere Fragen: Erstens die nach den erwünschten oder unerwünschten Kindern und zweitens die nach einer „guten" Erziehung und Pädagogik.

Das neue Elterngeld gibt seine eigene Antwort auf die erste Frage: Staatlich erwünscht sind die Kinder, die berufstätige, gut verdienende Mütter haben, damit die Mütter später die Kinder außerschulisch fördern können und zu intelligenten Stützen des Staates erziehen. Kinder von wenig einkommensstarken Eltern sind hingegen nicht (mehr) erwünscht: Das Elterngeld ist verglichen mit dem früheren Erziehungsgeld für einkommensschwache Eltern weitaus geringer. Das Elterngeld ist also keine Sozialleistung, soll aber auch keine sein, denn es ist als Anreiz für gebildete Frauen gedacht, ihren (lang gehegten) Kinderwunsch (doch noch) zu erfüllen. Ob dieser Plan aufgeht, wird sich erst langfristig zeigen. Noch kann niemand sagen, ob der geringe Anstieg der Geburtenzahlen im Jahr 2007 tatsächlich eine Trendwende einleitet oder nur ein kurzfristiger Effekt war. Es handelt sich hier lediglich um einen Anstieg um 1,8% im Vergleich zum Jahr 2006, jedoch wurden 2007 immer noch weniger Kinder geboren als 2005.[31]

Für die gebildete, gut verdienende berufstätige Frau ist das Elterngeld ein echter Anreiz, da sie im ersten Jahr, dem „Babyjahr" finanziell kaum Einbußen hat, also quasi vom Staat versorgt wird. Nach diesem Jahr wird sie jedoch wieder

---

[31] Quelle: Statistisches Bundesamt Wiesbaden, 2008

auf sich allein gestellt sein und zwischen Ganztagsbetreuung und auf-eine-halbe-Stelle-gehen hin und hergerissen sein. Denn ein Großteil der Unternehmen hat bisher kein Interesse, sich auf Mütter und Väter gleichermaßen arbeitstechnisch flexibel einzustellen.

Für die Väter sind die 2 Monate Elternzeit, die nun gern genommen werden, nicht mehr und nicht weniger als ein längerer Urlaub (jedoch kürzer als die Sommersemester-Ferien an der Uni), den er mit einem „Baby-Praktikum" verbringt. Das ist nett und schön, ändert aber für sich allein noch nichts Grundlegendes an der späteren Arbeitsteilung.

Die Geburtenrate pro Frau ist übrigens in Deutschland seit 1991 konstant bei ca. 1,3 Kindern pro Frau. An einem veränderten „Gebärverhalten" der Frauen liegt der Rückgang der Geburtenzahl also nicht. Dass die Anzahl der geborenen Kinder bis 2006 jährlich massiv abnahm, lag einzig und allein daran, dass die potentiellen Mütter nun aus Jahrgängen stammten, die ihrerseits schon geringer bestückt waren als die Jahrgänge vorher. So wurden im Jahr 1964 in Deutschland noch 1.357.304 Kinder geboren, im Jahr 1974 aber nur 805.500, das ist ein Rückgang um 40,65%![32] Die Frauen des Jahrgangs 1964 haben heute jedoch ihre Kinderplanung weitestgehend abgeschlossen…

Zur Frage der „guten" Erziehung und Pädagogik nähern wir uns zunächst mit dem Gesetzestext des § 1 Absatz 1 des Sozialgesetzbuches (SGB): „Jeder junge Mensch hat ein Recht auf Förderung seiner Entwicklung und auf Erziehung zu einer eigenverantwortlichen und gemeinschaftsfähigen Persönlichkeit." Wie schön!! In Absatz 2 geht es genauso

---

[32] Quelle: Statistisches Bundesamt Wiesbaden, 2008

148

schön weiter: „Pflege und Erziehung der Kinder sind das natürliche Recht der Eltern und die zuvörderst ihnen obliegende Pflicht. Über ihre Betätigung wacht die staatliche Gemeinschaft." In § 7 desselben Gesetzes finden sich die nötigen Definitionen: ein junger Mensch ist unter 27 Jahre alt, ein Kind ist unter 14 Jahren.

Da dieses Thema nicht den Schwerpunkt dieses Buches bilden soll, erlauben Sie mir nur ein paar Anmerkungen dazu: Warum wird Kindererziehung nicht in der Schule gelehrt? Die Schule war im alten Griechenland und im alten Rom ausschließlich dazu da, die geistige Bildung der männlichen Kinder und Jugendlichen zu ermöglichen. Das Wissen über Kindererziehung wurde von Müttern und Großmüttern an Töchter und Enkelinnen weitergegeben, von Vätern und Großvätern an Söhne und Enkel. Und leider folgt die heutige Schule noch stark den antiken Vorbildern, obwohl sich die wissenschaftlichen Erkenntnisse über die Psychologie des Lernens, insbesondere über die Motivation, inzwischen grundlegend geändert haben. Obwohl bekannt ist, wie spaßvolles und effizientes Lernen funktioniert, wird es bis heute in den meisten Schulen nicht praktiziert. Statt dessen hält man an uralten Methoden fest mit dem Argument, es sei schon immer so gewesen. Ja, es ist *möglich*, durch vielfache verbale Wiederholung und die Erzeugung eines permanenten Angstgefühls Wissen in ein wehrloses Kind einzuflößen. Aber das ist weder effizient noch schön für das Kind. Schön für das Kind und gleichzeitig effizient ist jedoch ein aktives Tun des Kindes, indem es sich unter Anleitung zu einem bestimmten Thema Wissen spielerisch selbst erarbeitet mit einem Ergebnis, das es sehen und anfassen kann. Daran wird sich das Kind nämlich erinnern, und die Wiederholung genau desselben kann man sich getrost sparen. Eine genau gleiche Wiederholung des Stoffes würde das Kind schon unterfordern und langweilen, es benötigt beim nächsten Mal schon eine Anregung für die Erarbeitung der nächste Wissensstufe. Es ist bekanntes und unstreitiges Wissen, dass Informationen, die ausschließlich verbal vermittelt – also von einem Lehrer im Unterricht erzählt – werden, sehr schlecht im Gedächtnis bleiben, und daher oft wiederholt werden müssen. Selbst erarbeitetes Wissen, das visualisiert wird und angefasst werden kann, wird jedoch auf Anhieb gespeichert und bleibt abrufbar.

Ich möchte hier keine Beispiele ausbreiten. Es gibt genügend Konzepte, die an ausgewählten Schulen – meist Privatschulen – erfolgreich angewandt werden. Für die Lehrer ist der Aufwand zwar ein wenig größer, jedoch werden sie durch aufgewecktere und kreativere Kinder dafür entschädigt und erleben ihren Beruf als erfüllender. Für die Schüler ist es effizienter und stiehlt ihnen keine wertvolle Lebenszeit durch das stumpfsinnige Hören von Wiederholungen. Es ist unverantwortlich von den zuständigen Ministerien, Lehrpläne mit Dingen vollzustopfen, die größtenteils nach der Klassenarbeit sofort wieder vergessen werden. Es ist schade. Wirklich schade. Denn so viel Potential an geistiger Wendigkeit, an Lebensfreude und Kreativität, das in jedem Kind in großem Maße vorhanden ist, wird dadurch schon im Keim erstickt. Das ist so – bitte verzeihen Sie mir den hinkenden Vergleich – als ob man allen Menschen ein Bein hochbindet, sie in 100-Meter-Hinken trainiert und zu immer größeren Schnelligkeiten animiert. Würde man ihnen stattdessen erlauben, mit beiden Beinen zu laufen, wären sie doppelt so schnell. Das hochgebundene Bein, das ist das *selbst tun*“, das „Fehler“ machen dürfen ohne negative Folgen. Wobei das Wort „Fehler“ schon an sich ein Fehler ist, denn es fehlt dem Fehler machenden Kind ja lediglich die Erfahrung, und die kann es naturgemäß nur machen, wenn es Fehler machen darf. Also: Kreativität ist – wie jeder weiß – gekennzeichnet durch viele, viele Versuche, die dann letztendlich zu einem Ergebnis führen, wobei Vieles, was auf dem Weg entstanden ist, zwar zur Erreichung des Ergebnisses nötig war, jedoch später wieder in den „Abfall" wandert. Wobei das, was „abfällt", zwar nicht im Endprodukt enthalten ist, aber auch eine unersetzbare Funktion hatte. Jeder Schriftsteller weiß, dass er erst einmal auch die Dinge aufschreiben muss, von denen er schon ahnt, dass sie letztlich im Papierkorb landen, um in den Schreibfluss hinein zu kommen und dadurch zu den Sätzen zu gelangen, die später die Endfassung bilden werden. Kreativität, also „etwas erschaffen", heißt, viel zu probieren und mehr zu produzieren, als für das Endprodukt nötig ist. Nun könnte man sagen, Aufgabe der Schule ist es nicht, die Kreativität der Kinder zu erhalten oder zu fördern. Okay, wenn die Welt immer bleiben soll, wie sie ist und niemals neue Herausforderungen kommen werden, dann könnte es sinnvoll sein, die Kinder nur zu dem auszubilden, was schon immer als richtig galt. Das ist aber ehrlich gesagt heutzutage absurd. Auch bringt es den Kindern wenig, wenn sie wissen, dass sie nicht die Verantwortung dafür haben, dass ihre Kreativität gekränkt oder getötet wurde, da sie keine Chance hatten, sich zu wehren. Denn sie werden ihr Leben lang damit zu kämpfen haben.

Staatlich sehr erwünschte Kinder werden außerschulisch durch ihr Elternhaus in ihrer Kreativität gefördert, staatlich weniger erwünschte Kinder bekommen trotz Anstrengung keinen Ausbildungsplatz. Es gibt aber auch Kinder, die von ihren eigenen Eltern so ganz und gar unerwünscht sind, dass ihre Existenz von Anfang an verleugnet wird, und davon handelt das folgende Kapitel.

12. Leben geben und Leben nehmen

Die Natur kennt kein Gut und kein Böse. Sie *ist* einfach. Wir als Menschen können ihr zwar Attribute zuschreiben wie „grausam" oder „verschwenderisch". Aber das ist ganz allein unsere menschliche Perspektive. Zum einen haben wir im Laufe der Evolution gelernt, uns in andere Geschöpfe hineinzudenken und stellen uns deshalb bei einem grausamen Geschehen, das wir beobachten, vor, es würde uns selbst passieren. Zum anderen ist uns bewusst, dass unsere Energie und Arbeitskraft pro verfügbarer Zeiteinheit (zum Beispiel, bis wir wieder Hunger bekommen) nicht grenzenlos ist, und wir deshalb mit unseren Ressourcen haushalten müssen, weshalb wir Phänomene in der Natur, die dies nicht tun, als „verschwenderisch" bezeichnen. Beginnen wir mit einem ausgewachsenen Exemplar einer deutschen Eiche: Es ist ein Wunder, dass es sie gibt, denn viele tausend ihrer potentiellen „Geschwister" haben es nicht so weit gebracht. Sie trägt jährlich viele hundert Eicheln, die zu Boden fallen und zum größten Teil von Tieren gefressen werden. Eine nicht gefressene Eichel keimt, sobald sie genug Wasser bekommt, und macht sich dabei keine Gedanken, ob sie an diesem Standort überhaupt eine Chance hat, lange zu überleben. Sie lebt in der Gegenwart. Und sobald sie die Chance zum Keimen bekommt, keimt sie. Die meisten dieser jungen Eichen werden wieder als Nahrung verzehrt, und nur für die dann noch Übriggebliebenen ist von entscheidender Bedeutung, ob sie sich weit genug vom Mutterbaum entfernt befinden, um genug Licht zu bekommen. Aus den meisten Eicheln, die nicht gefressen worden sind, wird trotzdem keine ausgewachsene Eiche. Sie muss schon viel „Glück" haben, und entweder durch Tiere, Regengüsse oder Stürme weit genug vom Mutterbaum und anderen ausgewachsenen Bäumen entfernt worden sein, oder sie muss genau den richtigen Zeitpunkt erwischen und genau dann zu wachsen beginnen, wenn der Mutterbaum stirbt, und damit ein neuer Platz an der Sonne frei ist. Wir Menschen denken uns nur selten in eine Eiche hinein, weil sie uns so unähnlich ist und wir meinen, sie hätte keine „Seele" oder so etwas und auch keine „Gefühle", wie wir sie kennen. Richtig ist, eine Eiche hat weder Augen noch Ohren, noch Hände oder eine Nase. Sie besitzt demnach nicht die Sinnesorgane, die uns zum Überleben am Wichtigsten sind. Aber eine Eiche fühlt, das ist unstreitig, denn sonst würde sie nicht reagieren: auf Temperaturunterschiede, auf Luftverschmutzung, auf Trockenheit, auf Verletzungen der Rinde. Es ist eine Art des Fühlens, die uns als Menschen nicht vertraut ist und der wir uns überlegen fühlen, warum auch immer. Dabei gibt es viele Menschen, die zu Bäumen eine Beziehung aufbauen, die zu neuen Erkenntnissen inspiriert werden, wenn sie sich in der Nähe eines Baumes aufhalten. Diese Menschen ahnen, dass es noch eine Wahrnehmung gibt, die von unseren bekannten Sinnesorganen unabhängig ist. Und aus der Tatsache, dass Bäume nicht schreien, wenn sie getötet werden, zu folgern, sie würden es nicht spüren, ist sehr bedenklich. (Zum Vergleich: Wenn eine Frau nicht deutlich „Nein" sagt, sondern eine geschlechtliche Vereinigung wortlos erduldet, ist es nach heutiger Rechtsprechung auch problematisch, den Mann wegen Vergewaltigung zu verurteilen, weil er ja angeblich nicht wissen konnte, dass sie es nicht will. …)

Machen wir einen Sprung zu einer Eisbärin. Diese ist uns Menschen schon sehr viel ähnlicher als eine Eiche. Wir können uns in sie hinein fühlen. Zum Beispiel können wir uns vorstellen, dass sie, die es in freier Wildbahn gewohnt ist, weite Strecken zurück zu legen, sich im Zoo eingesperrt vorkommt, dass sie körperlich und geistig unausgelastet ist, weil sie sich ihre Nahrung nicht mehr selbst erjagt, und somit träge und lethargisch wird. Solch ein Mechanismus ist uns Menschen bekannter, als wir wahr haben wollen: Vielleicht träumen Sie davon, sechs Wochen am Stück Urlaub in einer Luxus-Ferienanlage zu machen, mit Essen „all inclusive“, Pool und Zimmerservice. Doch wenn Sie sich diesen Urlaub wirklich leisten, brauchen Sie spätestens ab dem dritten Tag ein Animationsprogramm und „Auslauf“, Sie buchen Tagesausflüge hinzu. Das Essen kommt Ihnen nach einiger Zeit immer gleich und eintönig vor, und Sie wären kein Einzelfall, wenn Sie nach zwei Wochen sagen würden: „Eigentlich reicht es mir, ich würde am Liebsten wieder nach Hause fahren.“ Der Mensch ist – genau wie der Eisbär – kein „Faulenzer“: Er braucht Bewegung, Aufgaben und Ziele (große oder kleine, berufliche oder private) sowie äußere Anregung, sonst fühlt er sich nicht wohl. Vielleicht ist uns deshalb die Eiche so fremd: Sie braucht weder einen Standortwechsel noch Aufgaben, Ziele oder Anregungen, um sich wohl zu fühlen. Doch zurück zu der Eisbärin, in die wir uns nun hinein versetzen wollen: Sie liegt irgendwo in der Arktis mit ihren beiden Jungen in einer Eishöhle. Draußen wird es wieder hell und wärmer. Sie ist ausgemergelt und hat Hunger. Die Wintermonate hat sie damit zugebracht, ihre Jungen zur Welt zu bringen und zu säugen, ohne selbst etwas zu fressen. Nun sind ihre Fett- und Eiweißreserven aufgebraucht. Um Ihrem Nachwuchs den Start ins Leben zu ermöglichen, hat sie es auf sich genommen, fast zu verhungern. Sie verlässt die Höhle gemeinsam mit ihren Jungen, jedoch sind diese noch zu schwach, um mit ihr die weite Strecke bis hinunter zum Packeis zu laufen, auf dem sie jagen könnte. Die Eisbärin wartet noch ein paar Tage, wird immer schwächer. Als sie schließlich losgeht, kann sie sich kaum noch auf den Beinen halten, und ihre Jungen zwingen sie zu einem langsamen Tempo. Die Jagdgründe sind noch lange nicht erreicht. Kurz bevor ihr die Sinne schwinden, tötet die

Eisbärin ihre Jungen und frisst sie auf. Wäre sie verhungert, wären ihre Jungen von anderen Tieren gefressen worden oder auch verhungert. So hat sie wenigstens die Chance, es im nächsten Jahr noch einmal zu probieren mit dem Nachwuchs, wenn die Rahmenbedingungen hoffentlich besser sind. Die Eisbärin wird um ihre Jungen trauern, und vielleicht wird sie sich im nächsten Herbst eine noch dickere Speckschicht anfressen, bevor sie wieder Junge auf die Welt bringt. Was sie getan hat, war ein natürliches Ergebnis der Evolution: Wenn die Kinder so oder so sterben müssen, muss wenigstens die Mutter gerettet werden, denn nur so wird die Arterhaltung gewährleistet. Es ist weder gut noch böse.

Eine junge Frau - Anfang 20 - lebt mit ihrem kleinen Sohn in der Wohnung ihres Freundes, dem Vater des Kindes. Sie ist damals zu ihm gezogen, als das Kind kam. Ihr Freund verdient das Geld für die Familie, ist beruflich viel unterwegs, sie selbst kümmert sich von morgens bis abends um den Sohn. Sie lebt weit entfernt von ihren Eltern in einem kleinen Ort. Neue Freundschaften sind in diesem Ort nicht entstanden, sie fühlt sich oft einsam. Da sie auch kein Auto hat und kein Geld für Bahnfahrten, lebt sie sehr zurückgezogen. Die Beziehung zu ihrem Freund kühlt ab. Das Paar redet kaum noch miteinander, es gibt keine gemeinsamen Unternehmungen. Das einzige, was ihr Freund ihr unmissverständlich klar macht, ist: „Wenn du noch ein Kind bekommst, schmeiße ich euch alle raus!" Die junge Frau sieht keine Alternative zu ihrer Lebensweise, da sie finanziell von ihrem Freund abhängig ist. Sie wird wieder schwanger. Ihr Freund bemerkt das angeblich nicht. Sie redet mit niemandem darüber und holt sich keine Hilfe, statt dessen gelingt es ihr, die Tatsache und den damit drohenden Konflikt zu verdrängen. Sie wird von der plötzlich einsetzenden

Geburt überrascht und bringt das Kind allein im Badezimmer zur Welt, während ihr Freund im Nachbarzimmer schläft. Sie erleidet große Schmerzen. Sie hat keine Hebamme bei sich, die ihr aufmunternd zuredet, den Rücken massiert, die Hand hält und Tipps zu Atmung oder Gebärpositionen gibt. Sie hat auch in jüngster Zeit keinen Geburtsvorbereitungskurs absolviert. Weder gibt ihr der Vater des Kindes seelische Unterstützung, noch ist ein Arzt in Rufbereitschaft. Die Schmerzen gehen quälend durch Mark und Bein, nur eine gleichzeitig einsetzende Flut von ausgeschütteten Hormonen lässt sie dies durchstehen, ohne ohnmächtig zu werden. Als das Kind heraus flutscht, fällt es einfach in die Toilette. Die junge Mutter ist wie im Trance und wird sich später an die folgenden Minuten nicht mehr erinnern. Sie sieht das Kind, das ihr gerade große Schmerzen bereitet hat. Dieses Kind darf nicht wahr sein, denn die Mutter hatte seine Existenz ja vor sich selbst verleugnet. Da sie finanziell von ihrem Freund abhängig ist, darf sie auf keinen Fall aufs Spiel setzen, dass er seine Drohung wahr macht und sie wirklich rausschmeißt. Die folgenden Handlungen begeht sie, ohne es zu realisieren, denn sie befindet sich nach wie vor auf einer Wolke aus nachlassendem Schmerz und Hormonflut: Eine körperliche Ausnahmesituation. Sie legt das Neugeborene in einen Karton und geht damit nach draußen. Es ist eine Winternacht, es hat gefroren. Den Karton stellt sie neben einen Elektrik-Kasten an die Straße. Als ihr Freund morgens aufsteht und die Blutspuren im Badezimmer sieht, fragt er, was passiert sei. Sie erzählt ihm, sie hätte eine Fehlgeburt erlitten. Er fordert sie auf, das Badezimmer zu reinigen. Der Vorfall wird von beiden nicht mehr erwähnt.[33]

---

[33] Dieser real passierte Fall wurde in der Sendung „scobel" auf 3sat in einem Filmbeitrag thematisiert.

Die menschliche Kultur ist etwas komplizierter als die Eisbären-Kultur. Uns macht dieser Fall betroffen. Wir alle fühlen mit dem Neugeborenen und hätten uns gewünscht, das es die Chance auf ein längeres Leben bekommen hätte. Denn es war ein voll entwickeltes und lebensfähiges Baby, und man sollte als Mensch kein Leben „verschwenden“, das mühevoll in seiner Mutter herangereift ist. Man sollte eine Stufe höher stehen als die Eiche, und jedes neue Leben als wertvoll und schützenswert ansehen.

Jedoch vergessen wir dabei oft, dass wir Menschen ein Teil der Natur sind. Wir sind genauso wenig *nur* Kultur wie unser Gehirn *nur* Großhirnrinde ist. Mit dem Verstand allein lässt sich menschliches Verhalten nicht erklären, da unsere Gefühle entwicklungsgeschichtlich älter sind und – zumindest in Entscheidungs- und Notsituationen – dominieren. Jedoch ist es gar nicht so schwierig, die Mechanismen der Natur zu verstehen, sobald man eingesehen hat, dass sie zu uns gehören und wir danach handeln. In der Natur hat jedes Individuum einen starken Überlebenstrieb. Solange es ihm selbst gut geht, kümmert sich das Individuum gern auch um andere. Aber sobald eine Gefahr droht, hat es nur noch Blick für sich selbst. Das ist durchaus sinnvoll, denn wer sich *zuerst* um die anderen sorgt, ohne sich selbst zu schützen, läuft Gefahr, dass am Ende *alle* dabei draufgehen. Wer sich in seiner Existenz bedroht fühlt, kann keine Rücksicht nehmen. Achten Sie auf das Wörtchen „fühlt“: Es kann sein, dass es sich von außen und mit Abstand betrachtet um gar keine existenzielle Gefahr gehandelt hat. Aber ob sich der Instinkt einschaltet, der jegliches rationale Denken blockiert, wird eben nicht aus einer fernen objektiven Perspektive entschieden sondern aus der momentanen Wahrnehmung: Denn die Wahrnehmung ist die subjektive Wahrheit, und etwas anderes steht uns in dem Moment als Grundlage unserer Handlungsmöglichkeiten nicht zur Verfügung. Die Wahrheit der jungen Frau in dem beschriebenen Fall, als nach der Geburt ihres Kindes die Großhirnrinde durch die körperliche Schmerz- und Hormonsituation vollständig ausgeschaltet war, war folgende: „Kind darf nicht sein, Kind existiert nicht, trotzdem sehe ich es mit eigenen Augen. Das passt nicht zusammen, also muss ich den Zustand wieder herstellen, der meiner Wahrheit entspricht: Das Kind muss weg." Dies sind keine unergründbaren Wirrungen einer „undeutbaren" Frau, nein, es ist die Logik der Psyche, und diese ist relativ einfach aufgebaut. Stellen wir fest: In dieser Situation *konnte* die Frau nicht anders handeln. Bezeichnend ist, dass sie ihr Kind nicht aktiv getötet hat. Sie hat es nur beseitigt. Es lebte noch, als es im Karton neben der Straße abgestellt wurde. Wäre Sommer gewesen, wäre es vielleicht rechtzeitig gefunden worden. Die Mutter hatte in der Logik ihrer Psyche gar kein Interesse daran, das Kind zu töten, es musste nur weg aus ihrem Gesichtskreis, weg aus der Wohnung. Da die Frau in dieser Situation nicht anders handeln konnte, müssen wir uns fragen, welche Anknüpfungspunkte es *vorher* gegeben hätte, gar nicht erst in diese Situation zu kommen. Und davon gibt es reichlich viele. Ich wähle hier die zeitlich umgekehrte Reihenfolge:

o Sie hätte ein Sorgentelefon oder einen Arzt anrufen können, wenn sie ihre Schwangerschaft nicht so erfolgreich verdrängt hätte. Dann hätte es Möglichkeiten wie Abtreibung oder Adoption gegeben. Wir gehen mal davon aus, dass sie verhütet hat, und die Schwangerschaft nicht geplant war, denn kein Mensch bringt sich freiwillig in solch eine Notlage.

o Sie hätte nicht mehr mit ihrem Freund schlafen dürfen, seit die Kommunikation total gestört war. Dies ist der Knackpunkt. Und ich frage mich, weshalb Millionen von Frauen es trotzdem tun. Dahinter steckt das Frauenbild des „Aushalten Könnens", des „Still Haltens", das die Frauen seit Jahrtausenden erfolgreich praktiziert haben. Sie wird keinen großen Spaß mehr an dieser Art von Sex gehabt haben. Vielleicht meinte sie, dass schlechter Sex besser sei als gar keiner. Vielleicht hat sie sich dabei auch an die schönen Zeiten mit ihrem Freund erinnert und gehofft, es wird wieder so werden, wenn sie nur bei ihm bleibt. Dies ist die Passiv-Rolle des weiblichen Abwartens, wie sie in Reinform im Märchen „Dornröschen" zu finden ist. Es gibt hingegen meines Wissens kein einziges Märchen auf der Welt, in dem ein männlicher Held ausschließlich durch passives Abwarten sein Ziel erreicht und belohnt wird (falls Sie eins entdecken, lassen Sie es mich bitte wissen). Die junge Frau in unserem Fall hat gehofft, es wird *ohne ihr aktives Handeln* alles gut werden. Dagegen spricht jedwede Lebenserfahrung. Aber das Schlimmste ist: Unterschwellig meinte sie wahrscheinlich, sie sei ihrem Freund das schuldig, weil er das Geld für sie beide verdient. Oder anders ausgedrückt: Würde sie ihm den Sex verweigern, würde er sich eine andere suchen und sie „rausschmeißen". Dies ist eine Form der Prostitution, die in Abhängigkeitsverhältnissen – meist Ehen – millionen- oder milliardenfach auf dieser Welt praktiziert wird. Das fatale ist: Es wird von der Frau meist nicht als Unrecht angesehen, weil es so weit verbreitet ist und seit Jahrtausenden – seit dem archaischen Frauentausch – so praktiziert wird. Das Problem liegt für viele Frauen darin, dass sie nicht spüren, wann bzw. an welchem Punkt ihre eigene Hemmschwelle überschritten ist. Besonders, wenn sie den Mann einmal geliebt haben. Mit der Hoffnung auf bessere Zeiten wird die Hemmschwelle immer weiter verschoben, bis die Frau gar nicht mehr spürt, dass sie ständig verletzt wird.

o Sie hätte an der Verbesserung der Kommunikation mit ihrem Freund arbeiten können und sich zeitgleich über Alternativen informieren können für den Fall, dass die Beziehung zerbricht. Glücklicherweise *ist* eine Frau hierzulande faktisch niemals vollständig von ihrem Lebenspartner abhängig, weil es staatliche Hilfen gibt. Diese sind zwar nicht komfortabel, aber um ein Vielfaches besser als das Gefühl, einem Mann ohnmächtig ausgeliefert zu sein.

o Sie hätte sich vehementer um Freundschaften an ihrem neuen Wohnort bemühen und gleichzeitig alte Freundschaften aufrecht erhalten müssen. Ein einziges Telefonat mit einer guten Freundin hätte das Unglück unter Umständen schon verhindern können.

o Wo waren ihre eigenen Eltern? Wo war ein Vertrauensverhältnis, das man von Eltern erwarten sollte? Was war das für ein Elternhaus, das die Tochter zu so wenig Selbstwertgefühl und solch einer starken Ausprägung des Abhängigkeitsdenkens erzogen hat? Wo waren andere Verwandte, die die Rolle einer „mütterlichen" Vertrauensperson hätten übernehmen können?

Wir haben nun gesehen, dass die gesamte Biografie darauf zugeschnitten war, dass solch ein Unglück passieren konnte. Es lag eine Verkettung von ungenutzten Anknüpfungsmöglichkeiten vor, die sich aber allesamt auf ein Grundproblem zurückführen lassen: Wer nicht gelernt hat, sich seiner selbst bewusst zu sein und seine Stärken einzusetzen für die Verbesserung der eigenen Lebenssituation, hat sich von seinen natürlichen Wurzeln entfernt. Denn er (bzw. meistens sie) denkt zuerst an die Gesamtsituation samt Partnerschaft und äußerem Erscheinungsbild und erst zu spät an sich selbst. Wer aber noch nicht einmal sich selbst helfen kann, erweist anderen auch keinen Dienst. Die junge Frau meinte vielleicht, es wäre gut für ihren Freund und letztendlich für die Aufrecht-Erhaltung der Partnerschaft, wenn sie seine schwindende Kommunikationsbereitschaft akzeptiert und ihm stillschweigend seine Wünsche nach sexuellem Verkehr dennoch erfüllt. Doch genau das ist der große und fatale Irrtum! Wer sich nicht um sich selbst kümmert, ist schwach und wird auch als schwach wahrgenommen. Es ist wenig erbaulich, mit einer schwachen Person zusammen zu leben, die mir am Rockzipfel hängt und mich vielleicht noch anbettelt, ich solle mehr mit ihr unternehmen. Das macht keinen Spaß. Aber warum war die junge Frau so schwach? Nicht – und jetzt kommen die Begriffe der jahrtausendealten Rechtsprechung ins Spiel, die sich von Mesopotamien über Rom in die ganze Welt ausgebreitet haben – weil sie böse ist oder schuldig. Kann man ihr vorwerfen, dass sie es *trotz* ihres Elternhauses, *trotz* der gesellschaftlichen Zuschreibungen an eine Mutter und eine Familie, *trotz* der rechtlichen Rahmenbedingungen in Deutschland und *trotz* des fehlenden Verständnisses von Seiten ihres Freundes nicht geschafft hat, ein Selbstwertgefühl aufzubauen und ihr Leben in die eigene Hand zu nehmen? Nein. Denn es gehört einiges an Kampfgeist dazu, unter diesen Bedingungen aufrecht zu bleiben. Die junge Frau in unserem Fall ist ein repräsentatives Beispiel für ein Exemplar des „schwachen Geschlechtes", das durch seine Umgebung mit seinen nach wie vor patriarchalisch bestimmten Normen schwach *gemacht* wurde. Jetzt könnten Sie möglicherweise widersprechen und sagen: „Das kann nicht stimmen, denn wenn es so wäre, müssten ja alle Frauen ihre Babys töten." Nun, das ist aber zu einfach gedacht. Denn die meisten Frauen kommen trotz eines schwachen Selbstwertgefühls nicht in solch eine ausweglose Situation.

Ausschlaggebend für die Aussetzung des Kindes war nämlich die alles entscheidende Botschaft des Freundes: „Wenn du noch ein Kind bekommst, schmeiße ich euch alle raus!" Glücklicherweise sprechen nicht alle Männer solche Sätze aus und zum Glück gibt es heute schon viele Frauen, die spätestens nach diesem Satz die Koffer packen würden, weil ihre natürliche Hemmschwelle damit überschritten wäre. Ohne diese Drohung hätte die Frau ihr Kind niemals ausgesetzt. Denn sie hatte ja nichts gegen Kinder! Sie hatte ja einen kleinen Sohn, um den sie sich rührend gekümmert hat!

Wen müsste man also für die Tat verklagen? Wer trägt die Verantwortung? In erster Linie unsere heutigen Politiker und Wirtschaftsunternehmen, die an alten frauen- und kinderfeindlichen Strukturen festhalten, die dringendst geändert werden müssen. In zweiter Linie der Mann, der mit dem Aussprechen seiner Drohung die Frau in die Zwickmühle getrieben hat. In unserem Rechtsstaat wird jedoch einzig und allein die Frau verklagt: Sie verbüßt zur Zeit wegen „Totschlags" bei „voller Schuldfähigkeit" eine 10-jährige Haftstrafe. Für eine Tat, die prinzipiell nur Frauen begehen können (da Männer naturgemäß niemals in eine solche Situation kommen können): Das Aussetzen eines Kindes, das sie selbst „erzeugt" und geboren hat, das also ohne sie niemals zum Leben erwacht wäre. Das Unrecht, das ihr schon oft im Leben widerfahren ist, wird durch diese Verurteilung weitergeführt. Sie wird dafür bestraft, dass sie in einer existenziellen Notlage sich selbst geschützt hat. Es ist unstreitig, dass es besser gewesen wäre, wenn sie sich schon vorher besser um sich selbst gekümmert hätte. Aber dazu war sie, wie wir gesehen haben, zu schwach. In ihrer Haft hat sie nun zehn Jahre Zeit, sich bewusst zu machen, *wie* schwach sie ist, und wird dort noch schwächer gemacht, weil sie jetzt endgültig in einem Abhängigkeitsverhältnis gelandet ist und keine weit reichenden Entscheidungen für ihr Leben mehr treffen darf. Haftstrafen sollen als Abschreckung dienen und dem Täter bewusst machen, dass er einen Fehler gemacht hat, damit er denselben Fehler in Zukunft nicht noch einmal macht. Beides läuft in diesem Fall völlig konträr zur wirklichen Situation:

Die Frau *weiß*, dass man Babys liebevoll versorgen sollte anstatt sie auszusetzen. Das hat sie mit ihrem ersten Sohn ja bereits bewiesen. Ihr die Tat bewusst zu machen, die sie ja verdrängt hatte, dauert eine bis drei Sitzungen bei einem Psychologen. Was sie dann braucht, ist eine Therapie zur Stärkung ihrer Persönlichkeit: Hilfestellungen und Ermutigungen, sich anderen Personen anzuvertrauen, stabile Beziehungen aufzubauen, sich selbst zu reflektieren, mit anderen gewinnbringend zu kommunizieren. Dies ist ein langer Prozess, muss immer wieder in der Praxis geübt werden, begleitet beispielsweise von einer Gruppentherapie. Im Gefängnis ist dafür ein sehr schlechter Ort, da man vom normalen Leben abgeschnitten ist und Beziehungen sich dort nicht frei gestalten lassen. Wenn sie entlassen wird, ist sie Anfang 30 und hat das Bewusstsein, *zu Recht* für eine ganz schlimme Tat bestraft worden zu sein. Ihr Sohn ist dann ein Teenager, und die Beziehung zu ihm wird auf immer gestört sein, weil die Mutter erstens so lange Zeit nicht präsent war und er zweitens weiß, dass seine Mutter etwas sehr Schlimmes getan hat, weshalb man sie wegsperren *musste*. Wie soll er ihr dann noch vertrauen?

Unser Rechtssystem sieht für das Aussprechen einer Drohung, jemanden aus der Wohnung zu schmeißen, keine Strafe vor. Dieses Rechtssystem ist nämlich so aufgebaut, dass bestimmte Tatbestände erfüllt sein müssen, damit ein bestimmter Paragraf zur Anwendung kommt. Sind diese

Tatbestände erfüllt, steht in diesem Paragrafen die Rechtsfolge. Alle Taten von Menschen werden also - unabhängig von der Gesamtsituation – nur auf die Erfüllung einzelner Tatbestände hin untersucht. Die Drohung, jemanden aus der Wohnung zu schmeißen, erfüllt keinen Tatbestand im Strafrecht. Man meint heute, dieses Prinzip des Rechts sei unveränderbar, weil es sich vor 5000 Jahren einmal weise Männer im Zweistromland ausgedacht haben oder es vielleicht sogar von einem Gott so vorgegeben ist. Das ist jedoch großer Unsinn, denn wir allein sind heute verantwortlich für die Gesetze, die wir in unserem Staat gelten lassen. Ein übertriebener Respekt vor dem historisch Überlieferten ist insofern schädlich, dass er immer zu Lasten der Frauen geht, denn diese hatten im Altertum nichts zu sagen. Tatsache ist, unsere Auffassung von Strafrecht hat so seine Tücken, die für einzelne Menschen weitreichende Folgen für ihr ganzes Leben haben. Tatsache ist auch, es ist ein Recht der männlichen Sichtweise. Weibliches Recht wird nirgendwo angewandt, da in keinem Parlament der Welt eine weibliche Mehrheit besteht und es keine weibliche Diktatorin gibt. Weibliches Recht sähe aber erheblich anders aus und wäre mit Sicherheit „gerechter". Im weiblichen Recht würden die Folgen einer Handlung betrachtet und die Umstände einbezogen, die zu dieser Handlung geführt haben. Ein Paragraf würde dann beispielsweise lauten:

„Die Androhung einer Handlung kann strafbar sein, soweit sie einen Menschen, der sich von dem Androhenden abhängig oder bedroht fühlt, dazu veranlasst, eine Straftat zu begehen. In diesem Fall ist der Bedrohende zum Prozess über die begangene Straftat hinzuzuziehen, und es wird ihm eine Mitschuld auferlegt, deren Größe sich nach den Verhältnissen des Einzelfalls richtet."

In dem beschriebenen Fall trifft den Vater eine große Mitschuld. Denn das Baby konnte nicht überleben, weil die *Partnerschaft* versagt hat. Wie kann es sein, dass ein Mann aussagt, er habe von der Schwangerschaft seiner Freundin – die schlank war – nichts bemerkt, obwohl sie zusammen in einem Bett schliefen und sexuell miteinander verkehrten? Es ist unvorstellbar. Wir alle wissen, wie sehr sich der Körper einer Frau in den letzten Monaten der Schwangerschaft verändert. Und jeder Mann müsste eigentlich wissen, dass die extreme Auswölbung des Bauches nicht mit einer plötzlichen Fettleibigkeit zu erklären ist. Welch ein unglaubliches Desinteresse zeigt sich, wenn der Mann nach der Entdeckung der angeblichen Fehlgeburt nicht fragt, wie groß denn der abgegangene Embryo gewesen und was mit ihm geschehen sei? Hätte er das Baby zu diesem Zeitpunkt entdeckt, hätte es wahrscheinlich überlebt. Der Mann war zu diesem Zeitpunkt nicht in einer körperlichen Ausnahmesituation. Es ist nicht zu entschuldigen, dass er seine Großhirnrinde nicht eingeschaltet hat.

Wie würde also ein „gerechte" Strafe aussehen? Ich würde – unter Würdigung aller beschriebenen Umstände und unter Einbeziehung sowohl meines Verstandes als auch meines Gefühls – folgendes Urteil für die Frau fällen:

Die Frau wird zu einem halben Jahr Haft im offenen Vollzug (ohne Bewährung) verurteilt, wobei sie das Sorgerecht für ihren Sohn behält. Dort wird sie umfassend betreut (wie weiter oben beschrieben). Strafmildernd wurde dabei ihre körperliche Ausnahmesituation zur Tatzeit, ihre soziale Gesamtsituation und die Tatsache berücksichtigt, dass das Lebewesen, das aufgrund ihres Handelns gestorben ist, überhaupt erst durch ihr Handeln lebendig geworden war.

Für den Mann kann ich kein angemessenes Urteil fällen, da ich zu wenig über ihn weiß. Bei der Urteilsfindung müssten folgende Punkte berücksichtigt werden: Die Androhung, die Familie bei der Geburt eines weiteren Kindes aus der Wohnung zu schmeißen, die fehlende Einsicht und die unterlassene Hilfeleistung. Welche Strafe könnte ihm helfen, sich in Zukunft anders zu verhalten? Ein halbes Jahr gemeinnützige Arbeit in der Altenbetreuung oder als Küchengehilfe im Frauengefängnis? Auf jeden Fall sollte man in Deutschland mit den Strafen etwas flexibler werden und neben Haft- und Geldstrafen auch noch andere Möglichkeiten zulassen.

13. Spiritualität

Ist nicht der Ursprung aller Spiritualität und letztendlich aller Religionen die Frage: Wo kommen wir her und wo gehen wir hin, wenn wir sterben? Die Forschung über den Ursprung der Religionen ist zwar in den Einzelheiten auf Spekulationen angewiesen, im Kern ist sie sich aber einig: Religiöse bzw. vor-religiöse Rituale begannen aufgrund der Erfahrung des Sterbens: Der Totenkult ist der Ursprung des Religiösen. Aber warum war es den Menschen nicht einfach egal, was mit ihren Toten passiert, warum hat man sich überhaupt noch um sie gekümmert? Nun, aus dem Weg schaffen musste man sie schon allein aus Sicherheitsgründen, wenn sie im Lager oder in der Nähe des Lagers der Sippschaft gestorben waren; nämlich, um keine Raubtiere anzulocken. Aber warum hat man schon vor vielen 10.000 Jahren ganze unterirdische Höhlengänge gebaut, in die man die Toten ordentlich hineingelegt und ihnen sogar noch Wertgegenstände mitgegeben hat? Dies ist die zweite Komponente der Forscher: Das Erlebnis der Träume. Die Tatsache, dass man die toten Verwandten und Bekannten im Traum wieder sieht. Das im Traum Erlebte wird von vielen Menschen als genauso real empfunden wie das körperlich Erlebte und mit den Augen Gesehene. Manchmal wissen wir nicht genau, ob wir etwas nur geträumt haben oder ob es wirklich passiert ist. In der heutigen materiell ausgerichteten Welt – beispielsweise in der Geschäftswelt oder der Politik – gelten Träume jedoch gar nichts. Stellen Sie sich vor, ein Politiker würde eine Entscheidung damit begründen, dass er sie geträumt hat. Undenkbar. Heute zählt einzig und allein das rationale Abwägen, obwohl, wie wir bereits wissen, weitreichende Entscheidungen tatsächlich aus dem Gefühl bzw. der Intuition heraus gefällt werden. Oder aber aus einer Vision, die man zum Beispiel in einem Traum gehabt hat. Die

Menschheit hat eine gewisse Scheu davor, Träume als etwas Wichtiges und Reales anzuerkennen, weil ihre Angst vor Missbrauch größer ist als ihre Hoffnung auf Verbesserung: Verbesserung des Eigenverständnisses jedes einzelnen Menschen und damit Verbesserung der Kommunikation u.s.w. Was uns davon abhält, uns mehr mit unseren Träumen zu beschäftigen, ist die Tatsache, dass es nicht einfach ist und einer gewissen Übung bedarf.

Der Tod ist etwas Ergreifendes. Der Gedanke an den Tod lässt uns an tiefe Gefühle anknüpfen. Es gibt kaum einen anrührenden Film, in dem nicht der Tod einer Person vorkommt bzw. thematisiert wird (weil z.B. ein Elternteil einer handelnden Person frühzeitig gestorben ist oder durch eine schwere Krankheit oder einen Unfall die Gefahr des Todes greifbar nah war). Nun weiß wahrscheinlich jeder von Ihnen, wie es ist, einen geliebten Menschen durch den Tod zu verlieren. Aber nur die wenigsten von Ihnen werden erlebt haben, wie ein Wesen im eigenen Körper stirbt. Um es vorweg zu nehmen: Von dem Akt des Sterbens selbst merkt man natürlich gar nichts. Es sind eher die Zuschreibungen, Gefühle, gesellschaftlichen Werte, religiösen Vorstellungen, enttäuschten Erwartungen, Neid, Eifersucht und Wut, die dieses Erlebnis bestimmen. Biologisch gesehen ist es ganz natürlich: Die Hälfte aller befruchteten Eizellen stirbt schon ab, bevor die Einnistung richtig abgeschlossen ist, und wir spüren einfach nichts davon, weil die Monatsblutung zum erwarteten Termin oder wenige Tage später eintritt. Ein Viertel aller Embryos, die die Phase der Einnistung überstanden haben, stirbt in den 12 Wochen danach wieder ab. Ein ganz natürlicher Vorgang, der in Deutschland ca. 85.000 Mal im Jahr passiert. Und 85.000 Mal im Jahr (wenn man die Fälle, in denen der Frau ein Stein vom Herzen fällt, abzieht, vielleicht 80.000 Mal im Jahr) stellt sich die Frau, in welcher dies passiert ist, die Fragen: „Bin ich schuld? Habe ich etwas falsch gemacht?" Im Angesicht von Geburt und Tod kommen nämlich die elementaren Fragen des eigenen Lebens zum Vorschein, auch wenn sie vorher jahrelang oder jahrzehntelang sorgsam vom Alltag überlagert waren. Fragen des Selbstvertrauens, Trauer über möglicherweise verpasste Chancen im Leben, Selbstzweifel bezüglich der Berufswahl, der Partnerwahl, der Wahl des Wohnortes oder gar des gesamten Lebenskonzeptes. Kurz ausgedrückt: Alle unterschwelligen Konflikte, welche die Frau selbst mit sich austrägt, aber noch nicht vollständig bearbeitet hat, brechen sich ihre Bahn, wenn sie den Verlust eines Lebens in sich selbst spürt. Was kann die betroffene Frau tun, um nicht ganz in Selbstzweifeln zu versinken, wenn ein Embryo in ihr gestorben ist? Entweder sie stürzt sich in Arbeit (und hofft, dass sie nicht noch einmal in eine solch emotionale Situation gerät, damit sie die unterschwelligen Konflikte mit sich niemals angehen muss), oder sie reaktiviert ihre Spiritualität. Es ist also eine logische Entscheidung: Entweder sie hat selbst „schuld" am Tod ihres Kindes (und diese Überzeugung lässt nichts anderes zu als eine schwere Depression), oder es hat irgendeinen Sinn für sie und ihr Leben und „möchte ihr irgendetwas sagen". Zu der dritten Möglichkeit, sich selbst ganz in das natürliche Geschehen einzubetten und zu sagen: „Was in mir geschehen ist, ist reine Biologie, die für meine Persönlichkeit völlig bedeutungslos ist" sind wir Menschen meiner Meinung nach nicht fähig. Wir können uns nicht als zufälliges und bedeutungsloses kleines Menschenleben fühlen, denn dafür ist unser überlebenswichtiges Ich-Bewusstsein zu stark ausgeprägt. Also bleibt uns nur die Möglichkeit, uns selbst wichtig zu nehmen, und damit auch alles, was uns im Leben passiert. Wir haben lediglich die Entscheidungsmöglichkeit, es negativ oder positiv zu bewerten, in diesem Fall: depressiv oder spirituell.

Denn aus dem „Diesseits", aus der sichtbaren Welt oder der Gesellschaft, in der wir leben, lässt sich mit Sicherheit kein positiver Sinn für den Tod eines Embryos ableiten.

Spiritualität, egal, ob sie mit einer Religion verbunden ist oder nicht, ist weit verbreitet und hat meistens den Sinn, uns eben diesen im Leben zu vermitteln. Im Laufe der Evolution ist es uns (leider) verloren gegangen, einfach im Hier und Jetzt, ganz in der Gegenwart zu leben. Wir haben die Fähigkeit, uns bewusst an die Vergangenheit zu erinnern und uns die Zukunft vorzustellen. (Dies ist übrigens ungefähr das, was die Juden als „Vertreibung aus dem Paradies" in blumige Bilder gekleidet, und die Christen gern übernommen haben.) Nur deshalb können wir unser Handeln planen, können uns Persönlichkeitskonzepte und damit ein eigenes „Ich" basteln. Jedoch werden wir tagtäglich damit konfrontiert, dass wir eben nicht alles ausführen können, was wir gern möchten, dass wir von anderen Menschen und auch von Naturerscheinungen abhängig sind, die wir eben nicht beeinflussen können. Auf diese Ohnmachts-Erfahrung kann man unterschiedlich reagieren: 1.) Ich mache mir bewusst, dass ich klein und dumm und unbedeutend und der Natur hilflos ausgeliefert bin. Das macht mich handlungsunfähig, depressiv und ist mit dem starken Überlebenstrieb, der sich evolutionär durchgesetzt hat, unvereinbar. 2.) Ich bin davon überzeugt, dass ich etwas ändern kann und lediglich den richtigen Weg finden muss. Die zweite Überzeugung führt unumwunden zu spirituellen Vorstellungen, beginnend beim Regentanz und endend bei unterschiedlichsten religiösen Ritualen, die sich in allen weit verbreiteten Religionen in punkto Kuriosität in nichts nachstehen. Sie alle fußen darauf, dass ich handlungsfähig bleiben will und muss (nämlich, um zu überleben und eben nicht in Depression zu verfallen), auch wenn es um Dinge geht, die ich eben nicht beeinflussen kann (wie z.B. das Wetter). Einen Regentanz aufzuführen ist tatsächlich besser, als gar nichts zu tun: Er fördert die Gesundheit durch die Bewegung, die Gemeinschaft, das Zusammengehörigkeitsgefühl, und er füllt die Zeit aus. Und irgendwann wird es wieder regnen. Auch Gebete bzw. Meditationen haben ihren Sinn: Indem ich mich auf mich selbst besinne, zur inneren Einkehr komme, mir klar mache, was ich überhaupt für Wünsche und Hoffnungen habe, bündele ich meine Lebensenergie, schöpfe neue Kraft und erwecke neue Lebensgeister, die mich hoffnungsvoller und mit einer anderen Ausstrahlung handeln lassen als vorher. Und das Beten oder Meditieren in der Gemeinschaft hat wiederum den Sinn der Stärkung der Gemeinschaft, wodurch auch tatsächliche Hilfe untereinander angeboten werden kann. Kurios wird das Ganze heute beispielsweise auf den Pazifik-Inseln, auf denen sich jüngst Salzwasserseen gebildet haben: Die ganze Welt weiß, dass das Meerwasser hier aufgrund des steigenden Meeresspiegels von unten in das Grundwasser drückt, dass dies mit dem Klimawandel und dem CO_2-Ausstoß zusammenhängt und mindestens für einige Jahrzehnte unaufhaltsam fortschreiten wird; und trotzdem beten die dortigen Einwohner dafür, dass die Salzwasserseen wieder verschwinden, damit sie wieder Trinkwasser haben und in ihrer Heimat bleiben können: Sie hoffen immer noch, dass Gott sie vor der großen Katastrophe verschont…

In der Trauerforschung lautet der Konsens, dass der Trauernde sich erst dann wieder auf sein eigenes weiteres Leben konzentrieren kann, wenn er endgültig akzeptiert hat, dass der Verstorbene tot ist und nicht mehr wiederkommen wird. Soweit, so klar. Was ist nun aber, wenn man einen Embryo betrauert? Der Embryo hatte noch kein „Gesicht", von dem man sich verabschieden könnte, keine Persönlichkeit, die man vermissen könnte. Abgesehen von einem eventuell vorhandenen Ultraschallbild existierte der Embryo nur als ein vages Gefühl im Bauch. Und von diesem Gefühl im Bauch soll sich die Frau endgültig verabschieden? Soll anerkennen, dass es nie mehr wiederkehrt? Aber es wird doch hoffentlich wiederkehren, nämlich, wenn sie ein anderes Kind bekommt! Das ist doch nach einem sogenannten Abort meistens das Ziel der Frau! Wie soll sie sich endgültig von dem Gefühl, schwanger zu sein, verabschieden, wenn sie sich gleichzeitig sehnlichst eine „neue" Schwangerschaft wünscht? Wobei sie sich an diesem Punkt unausweichlich die Frage stellen wird, ob denn der Wunsch nach einer erneuten Schwangerschaft wirklich von Herzen kommt, oder sie damit nur der Arbeit an ihren eigenen Gefühlen und Selbstzweifeln entfliehen möchte…

Als Ausweg bleibt nur Spiritualität. Am Besten mit möglichst wenig Regeln und Zwängen. Das Anbinden an eine höhere Weisheit, die man in der Meditation befragen kann. Sie wird mir die Sicherheit vermitteln, dass ich am Tod meines Embryos nicht „schuld" bin. Sie wird mir sagen, dass ich stark genug bin, um auch diese Krise zu bestehen. Dass ich schauen soll, was mir die Schwangerschaft für Kräfte verliehen hat, die das kurze Leben meines Kindes bei Weitem überdauern. Dass ich mich nicht darauf versteifen soll, schnell wieder schwanger zu werden, sondern alles so nehmen soll, wie es kommt. Dass die Aufgaben mir so gestellt werden, dass ich sie bewältigen kann. Und dass ich durch die Anbindung an meine tiefen Gefühle und Selbstzweifel nun die Chance habe, mein Leben noch einmal zu überdenken, die Richtung wieder ein wenig zu korrigieren. Dass ich mir die Vision eines Lebens erarbeiten soll, das auch ohne ein eigenes Kind sehr schön und ausgefüllt ist. Dass ich das tun soll, was ich schon immer tun wollte (welches ich als Kind sehr wohl wusste, aber später wieder vergessen habe). Dass ich auf mein eigenes Inneres vertrauen soll, anstatt mich neidvoll mit anderen Frauen oder Familien zu vergleichen: denn sie sind nicht ich, und ihr nach außen sichtbares Glück wäre nicht automatisch auch mein inneres Glück. Und dass ich irgendwann, wenn die Zeit reif ist, ein Kind bekommen werde. Oder dass ich eventuell auch kein Kind bekommen werde, wenn meine Aufgabe im Leben eine andere sein sollte. Und, ganz wichtig: Dass ich glücklich sein soll! Mir Beschäftigungen suchen, die mir Spaß und Freude machen. Und – in meinem Fall – dass ich endlich ein Buch schreiben soll.

14. Visionen

1. Ein Kind ist ein Wunder des Lebens und wird auch als ein solches behandelt. Die Jesus-Geburtsgeschichte mit der Botschaft „Sie erwarten einen König und bekommen ein kleines, wehrloses Kind!" wurde auf alle Kinder dieser Welt übertragen: Jedes einzelne Kind wird als göttlich angesehen.

2. Für die Kinder der Deutschen fühlen sich alle Deutschen zuständig: Die Eltern, die Großeltern, die Großbanken, Lebensmittelkonzerne und Politiker. Arbeitgeber fühlen sich deshalb selbstverständlich auch für die Kinderbetreuung verantwortlich. Denn der Arbeitnehmer wird als ganzer Mensch wahrgenommen und nicht als Arbeitsmaschine. Und zu diesem Menschen gehört auch das Leben, das aus ihm entstanden ist und in Zukunft die Gesellschaft tragen wird.

3. Es gibt selbstverständlich in jedem Ort eine gemeinsame Alten- und Kinderbetreuung. Beide Gruppen animieren sich gegenseitig, ihr Gehirn auszubilden bzw. in Gang zu halten; für die Betreuerinnen ist dies eine befriedrigende und abwechslungsreiche Tätigkeit.

4. Vater und Mutter sind zur Hälfte für das gemeinsame Kind verantwortlich: beide tragen zur Hälfte zum individuell notwendigen Lebensunterhalt bei (wobei die Vorstellungen darüber, was notwendig ist, auseinander gehen können), beide verbringen die Hälfte der Zeit mit dem Kind, die es notwendigerweise mit einem Elternteil verbringen sollte (wobei auch hier die Vorstellungen, was notwendig ist, auseinander gehen können).

5. Frau und Mann, die gemeinsam in einem Haushalt leben, sind selbstverständlich zu 100% für sich selbst verantwortlich. Das beinhaltet: Erarbeiten des individuell notwendigen Lebensunterhaltes, Haushaltsführung, Gestalten einer individuell befriedigenden Freizeit.

6. Frauen haben auf dem Arbeitsmarkt tatsächlich dieselben Chancen wie Männer, und die Bezahlung einer Arbeit hängt davon ab, wie wichtig sie für das Sozialgefüge ist. Insbesondere das Gehalt der Erzieherinnen wurde stark angehoben, weil allen Menschen bewusst ist, wie wichtig diese Tätigkeit für unsere gesamte zukünftige Gesellschaft ist. Männer haben tatsächlich die gleichen Chancen in der Übernahme der Selbst-Verantwortung in allen Lebensbereichen, wozu auch die Kindererziehung gehört. Den Unternehmern ist bewusst, dass zwei halbtags Beschäftigte mindestens genauso effizient arbeiten wie ein Vollzeitbeschäftigter. Sie wissen: Wer mehr Zeit für kreative Freizeitbeschäftigung aufwendet wie Kinderbetreuung, Sport, Haushaltstätigkeiten, Gartenarbeit, Kochen oder Einkaufen, der hat erstens mehr körperliche Bewegung, zweitens mehr frische Luft und drittens eine vielfältigere Anregung für seinen Geist.

7. Der Rentenanspruch wird danach berechnet, wie viel Zeit der Rentenempfänger in die Kinderbetreuung investiert hat. Das Rentensystem ist geändert worden, weil sich herausgestellt hat, dass es mit dem Gleichheitsgrundsatz, der Gleichberechtigung der Geschlechter, nicht vereinbar war. Auch bei den privaten Rentenversicherungen und in der Beamtenversorgung gibt es eine freiwillige Umverteilung zugunsten der kinderbetreuenden Mütter und Väter.

8. Ehefrauen haben in Deutschland wieder das Recht, ihr eigenes Existenzminimum steuerfrei zu verdienen. Die Zusammenveranlagung ist abgeschafft worden, und damit auch das Ehegattensplitting. Jeder Steuerbürger hat nun das Recht auf eine eigene Einkommensteuer-Veranlagung beim Finanzamt. Für die Steuerverwaltung ist dies eine große Vereinfachung, da das Veranlagungs-Programm nicht mehr doppelt programmiert werden muss, in zahlreichen Paragraphen die Besonderheiten für Eheleute weggefallen sind und es keinen Verwaltungsaufwand mehr bei Eheschließungen und Scheidungen gibt. Folgerichtig sind auch die Steuerklassen komplett abgeschafft worden, was in allen Lohnstellen von Unternehmen zu einer erheblichen Vereinfachung geführt hat. Den Zeitpunkt der Abschaffung der Zusammenver-anlagung hat man zeitnah zur Vergabe der lebenslang gültigen Steuer-Identifikationsnummer gewählt, um bei der Umstellung den Verwaltungsaufwand zu minimieren. Um verfassungsrechtliche Bedenken zu umgehen, wurde auch der Artikel 6 des Grundgesetzes geändert. Denn die tatsächliche Gleichberechtigung zwischen den Geschlechtern aus Artikel 2 und die Verbot der Benachteiligung unehelicher Kinder aus Artikel 6 mussten in letzter Konsequenz dazu führen, die Ehe als Institution nicht mehr gesondert zu schützen.

9. Allen Männern ist bewusst, was Frauen in der kompletten Menschheitsgeschichte angetan wurde. Sie wissen, dass sie viel von Frauen lernen können. Deshalb zeigen sie eine große Toleranz und sorgen dafür, dass es heute keine geschlechtsspezifische Unterdrückung mehr gibt.

10. Wir setzen uns laufend kritisch mit der patriarchalen Geschichte auseinander. Alte Feldherren werden nicht mehr verehrt und verherrlicht, sondern es wird deutlich heraus-

gestellt, was sie anderen Menschen, insbesondere Frauen, für Gräueltaten angetan haben. Der Papst bekommt keine große Beachtung mehr in den Medien, weil er sich nicht von der von der Kirche zu verantwortenden Unterdrückung der Frau distanziert hat und keine Gleichberechtigung der Geschlechter in allen Kirchenämtern zuließ. Damit hat sich die Macht der Institution Kirche aufgelöst.

11. In den Medien findet eine freiwillige Selbstkontrolle statt: Es werden keine Vergewaltigungen oder andere Gewalttaten an Frauen gezeigt sondern Szenen, in denen sich Frauen dagegen erfolgreich zur Wehr setzen. Außerdem wird die Dramaturgie der Spielfilme nicht darauf aufgebaut, dass Partner schlecht miteinander kommunizieren, sich missverstehen und mit harten Worten verletzen, sondern es wird gezeigt, wie eine Kommunikation funktioniert, die ohne jede Form von Gewalt auskommt. Denn das Ziel für alle Menschen ist, gut kommunizieren zu können, um die Lebensenergie nicht im Kleinkrieg zu verschwenden sondern gemeinsam für höhere Aufgaben einzusetzen.

12. Die Frauenpartei, die erst vor Kurzem gegründet wurde, hat auf Anhieb die absolute Mehrheit im Bundestag bekommen. Sie ist von 100% aller Frauen gewählt worden, weil sich jede Frau in Deutschland dieser Chance bewusst war, ungeliebte festgefahrene Strukturen tatsächlich aufzubrechen, und sich keine Frau von ihrem Mann bei ihrer Wahlentscheidung hat beeinflussen lassen. Umfragen haben ergeben, dass auch viele Männer, die vorher entschiedene Nichtwähler waren, die Frauenpartei gewählt haben. In ihrem Parteiprogramm werden alle Dinge ausschließlich aus der weiblichen Perspektive betrachtet, ohne Rücksicht auf Jahrhunderte alte patriarchale Bündnisse.

13. Männer und Frauen arbeiten ständig daran, ihre Beziehungen reifen zu lassen, wobei sie sich in guter Kommunikation und einem guten Konfliktmanagement üben. Denn sie wissen, dass dies die Voraussetzung für eine verantwortliche Erziehung ihrer Kinder ist.

14. Jeder von uns fängt heute an, diese Visionen in kleinen Schritten in die Tat umzusetzen: Durch Diskussionen und Auseinandersetzungen mit Familienangehörigen, Freunden und Kollegen sowie durch kleine oder größere Richtungs-Korrekturen auf unseren Lebenswegen.

Die Seele ist tief, aber durchschaubar,
die Möglichkeiten sind vielfältig und unerschöpflich,
der Tod ist dunkel und unergründlich,
aus ihm entspringt das Leben, hell und klar!

Ein herzliches Dankeschön

an alle,
die mich auf meinem bisherigen Lebensweg
in positiver Weise motiviert haben!

Diskussion erwünscht:

Kinder@Beatrice-von-Singen.de